JN216110

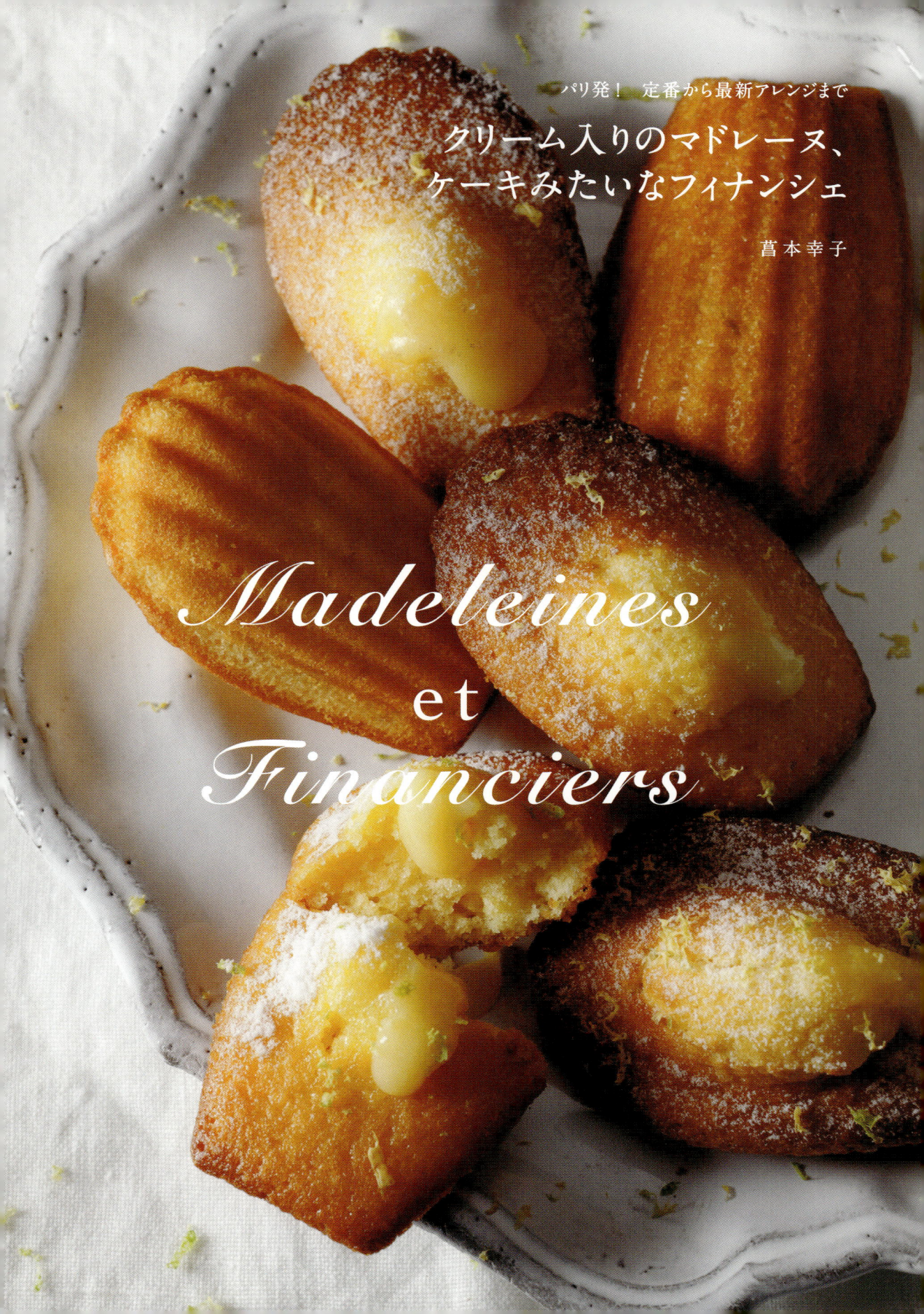

パリ発！ 定番から最新アレンジまで

クリーム入りのマドレーヌ、
ケーキみたいなフィナンシェ

菖本幸子

Madeleines

et

Financiers

パリのマドレーヌとフィナンシェ

マドレーヌもフィナンシェも、
フランスの伝統的なお菓子。
どこのお菓子屋さんにも必ず置いてある
定番の小さな焼き菓子です。
いつ食べてもおいしいものですが、
時代に合わせて緩やかに変化しつつもあります。

近ごろのパリではクリームやガナッシュが入ったマドレーヌが大人気。
人気のパティスリーではスペシャリテとして好評を博し、
話題のマドレーヌ専門店にももちろんラインナップされています。
マドレーヌのふわふわとした生地に、
なめらかなクリームやガナッシュが絡み合って、
幸福感あふれるリッチなお菓子になりました。

フィナンシェでは「フィナンシェ・デセール」と呼ばれる
ケーキのようなアレンジが人気です。
クリームやフルーツをデコレーションして、
器に盛れば、これはもう立派なデザート！

ちゃんとした夕食の前にお酒を飲む
「apéro」という習慣がフランスにはありますが、
その際につまむものとして、
塩味のマドレーヌやフィナンシェも人気です。
サイズ感がちょうどよく、
アレンジのしがいもあるからでしょう。

伝統的なお菓子がずっと愛され続けて、
こうして今なお斬新なアレンジが生まれてくるのは、
とても素敵なことです。
お菓子の歴史を思いながら、
新たな魅力をおいしく味わってください。

Madeleines

この本の使い方

○使用する型や道具、材料については P6〜7をご覧ください。
○オーブンは電気のコンベクションオーブンを使用しています。焼成温度・時間は機種により異なりますので、様子を見ながら焼いてください。特にガスのコンベクションオーブンの場合はご注意ください。
○電子レンジは 500W のもの、フライパンはフッ素樹脂加工のものを使っています。
○大さじ 1 は 15㎖、小さじ 1 は 5㎖です。

Financiers

基本のフィナンシェ 44

材料について

マドレーヌとフィナンシェに共通するおもな材料を紹介します。シンプルなお菓子こそ材料の良し悪しが仕上がりに直結するので、なるべく上質なものを選んでください。

1 薄力粉

北海道産の「ドルチェ」という薄力粉を使用。粉の風味が強く、しっとりとした仕上がりが特徴。たんぱく質の含有量が多く、中力粉に近い。製菓材料店やネット通販などで入手できる。なければ製菓向きの「バイオレット」や一般的な「フラワー」でも可。

2 アーモンドパウダー

アーモンドを粉状にしたもの。皮つきと皮なしがあるが、本書ではおもに皮なしを使用。より強くアーモンドの風味を出したいときには皮つきのものを使ったほうがよいときもあるが(P49「チョコレート(フィナンシェ)」など)、皮なしでも問題ない。使用前に少し手でもむと香りが深まる。

3 バター

よつ葉の発酵バター(食塩不使用)を使用。マドレーヌやフィナンシェ、またはパウンドケーキなど、バターの風味が仕上がりに大きく影響するお菓子は、発酵バターを使ったほうが断然おいしくなる。なければ食塩不使用のバターで代用できるが、風味は落ちる。

4 グラニュー糖

一般的なグラニュー糖を使用。本書ではほかに上白糖や粉砂糖を使うレシピもある。

5 卵

マドレーヌではMサイズ(卵黄 20g+ 卵白 30g)を、フィナンシェではおもにLサイズ(卵黄 20g+ 卵白 40g)を使用。なるべく新鮮なものを使うとよい。

6 塩

まろやかな味わいのフランス産、ゲランドの自然海塩微細粒を使用しているが、ごく少量なので家にあるもので構わない。

7 ベーキングパウダー

ラムフォードのアルミニウムフリーのものを使用。特に子どもに与える場合は、ミョウバンを含まないアルミニウムフリーのものがおすすめ。古いもの、湿気ったものはふくらみが悪いので、新たに買い直したほうがよい。

8 はちみつ

マドレーヌではおもに香り豊かでまろやかなフランス産のアピディス「fleurs printanières」を使用。アカシアやレモンのはちみつもおすすめ。フィナンシェではルンドミエルの「マウンテンハニー」を使用。

9 バニラエクストラクト

アルコールにバニラビーンズを漬け込んで香りをうつしたもの。バニラエッセンスは加熱すると香りが飛んでしまうため、焼き菓子にはバニラエクストラクトのほうが適している。製菓材料店などで購入可。

道具について

一般的な製菓道具で十分ですが、マドレーヌには使い捨てタイプの絞り袋が必要です。クリームを入れるマドレーヌの場合はシュークリーム用の口金を使います。

1 マドレーヌ型

浅井商店のオリジナルの型を使用。表面がシリコン加工されているので型離れがよく、溶かしバターを薄く塗るだけで済む。シリコン加工されていない型を使う場合は、バターを塗ったあと、薄力粉をふるって、型を逆さにして余分な粉を落とし、冷蔵室で冷やしてから使う。6個分で、1個のサイズは縦76×横49×深さ16mm。

2 フィナンシェ型

こちらも浅井商店のオリジナルの型を使用。表面がシリコン加工されているので型離れがよい。シリコン加工の有無に関わらず、溶かしバターをしっかり塗ってから使う。6個分で、1個のサイズは縦85×横42×深さ11mm。

3 絞り袋

製菓用の使い捨てタイプの絞り袋。スーパーや製菓材料店で購入可能。マドレーヌの生地を流し込むときと、クリームなどをマドレーヌに注入するとき、フィナンシェをデコレーションするときに使用する。マドレーヌにクリームを注入するときは、絞り袋の先端1cmほどを切り⒜、袋の内側からシュークリーム用口金をつけ⒝、口金の付け根あたりの袋を少しひねり⒞、口金の内側に押し込む⒟。生地やクリームを流し込む際は、コップなどに先端を下にして入れ、長さの半分ほどを外側に折り返しておく⒠。ただしはちみつな

どの粘度の高いものを焼き上がったマドレーヌに注入するときは、シリンジ（針なし）を使うとよい。薬局などで購入可。100円ショップで売っていることも⒡。

4 泡立て器

生地を混ぜる作業はおもに泡立て器を使う。特に指定はないが、ワイヤーの数が少なく、しっかりとした作りのものがよい。

5 ゴムべら

本書では泡立て器の補助的に使う。小さなもので構わない。「ゴムべら」と表記しているが、実際は耐熱性のシリコンべらがよい。

6 万能こし器

粉をふるう際に使う。仕上げに粉砂糖などをふるときは茶こしを使う。

7 ボウル

大小3〜4個ほどあれば十分。湯せんにかけたりすることもあるので、耐熱性が望ましい。

8 はけ

溶かしバターを型に塗ったり、フィナンシェに酒をしみ込ませたりする際に使う。洗いやすいものがよい。

⒜  ⒝ 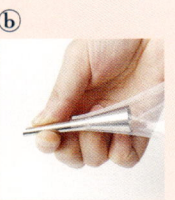 ⒞ 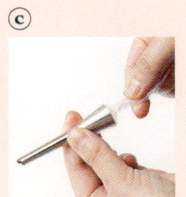 ⒟  ⒠  ⒡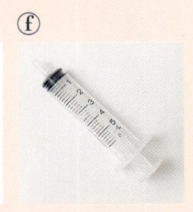

Madeleines

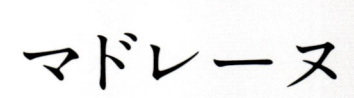

マドレーヌ

マドレーヌといえば貝殻の形が最大の特徴。
巡礼の旅路によく携帯されていたことから、巡礼者が
首からぶら下げるほたての貝殻を象ったという説があります。
配合はバター、砂糖、粉、卵がほぼ同量の
カトルカール（四同割）に近く、安心感ある味。
食感はしっとりふわふわに仕上げましょう。

基本のマドレーヌ

Madeleines traditionnelles

基本のレモン風味です。**1**から**6**までは
一気に作業してください。
生地をいったん寝かせ、高温、短時間で
焼くことで、しっとりふんわりとした
焼き上がりになります。

断面はほどよく気泡があり、
よくふくらんで
いるのがわかる。

このふくらみがポイント。
ふくらまなかった場合、原因は
作り方**2**か**4**で混ぜすぎたか、
オーブンの火力不足。マドレーヌの
個数を減らすか、型を入れる前に
5分ほど空運転させるとよい。

材料（7〜8個分）

発酵バター（食塩不使用）　55g
グラニュー糖　45g
A
　薄力粉　40g
　アーモンドパウダー　10g
　ベーキングパウダー　2g（約小さじ½）
B
　卵　50g（M1個）
　はちみつ　8g
　バニラエクストラクトⓐ　小さじ⅙
　塩ⓑ　少々
レモンの皮　小1個分
レモン果汁　小さじ½
溶かしバター　適量
→材料はかならず計量してから作り始めるⓒ。

小さじにこれくらいの
量が目安。

ⓐ

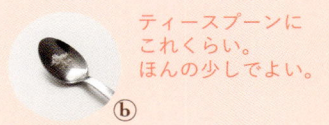

ティースプーンに
これくらい。
ほんの少しでよい。

ⓑ

下準備

○卵、はちみつ、レモン果汁は常温（約25℃）にもどす。
→混ぜやすくするため。

○発酵バターは適当な大きさに切ってボウルに入れ、湯せんにかけてゴ
ムべらで混ぜながら溶かすⓓ。溶けたら湯せんからはずし、40℃ほどに
冷ます。
→フライパンに湯を沸かし、バターが入ったボウルを浸ける。バターが高温だと生
　地に加えたときに卵に火が入ってしまうのでかならず冷ます。

○**A**はポリ袋に入れ、よく振り混ぜるⓔ。
→さらにふるうことで生地のきめが細かくなり、空気が入ってなじみやすくなる。

○**B**は卵の白身を切るようにして泡立て器でよく混ぜ合わせるⓕ。
→白身が見えなくなるまで混ぜる。泡立てないよう注意。

○オーブンは天板を入れたままほどよいタイミングで230℃に予熱する。
→天板は下段にセットする。

ⓓ　　　ⓔ　　　ⓕ

→

作り方

1 ボウルにグラニュー糖を入れ、**A** をふるいながら加え⒜、泡立て器で混ぜ合わせる⒝。
→グラニュー糖がまんべんなく広がれば OK。

2 指で粉の中心に穴をあけ⒞、そこに **B** を静かに流し入れる⒟。泡立て器でボウルの中心から粉を巻き込むようにしてぐるぐると 40 回ほど、粉けがなくなるまで静かに混ぜる⒠⒡⒢。
→練るようにして混ぜるのは絶対 NG。無理な力をかけず、粉と卵液を徐々になじませるようにして混ぜる。

3 レモンの皮をすりおろして加え⒣、さらにレモン果汁を加えて全体をざっと混ぜる。
→レモンの皮の香りは飛びやすいので、直前にすりおろして加えること。ここでも混ぜすぎないよう注意。全体に行き渡れば OK。

4 溶かした発酵バターを 3 回に分けて加え⒤、その都度ぐるぐると 20 ～ 40 回、全体になじむまで静かに混ぜる⒥。生地を持ち上げると落ちた跡が重なってすぐに消えるくらいになれば OK⒦。
→ 1 ～ 2 回目は 20 ～ 30 回、3 回目はやや長めに混ぜる。混ぜすぎると生地に粘り気が出て、軽い食感に仕上がらない。逆に混ぜる回数が足りないと、生地がしっかりなじまず、口溶けが悪くなる。

5 ゴムべらで全体をざっと混ぜる⒧。
→固形物が入るレシピの場合はここで加える。ボウルの側面についた生地もきれいに払うこと。

6 **5** を絞り袋に流し入れて⒨口を綴じ⒩、冷蔵室で 3 時間ほど寝かせる。
→生地をいったん休ませることで、薄力粉のグルテンの力が弱まり、ベーキングパウダーの働きが活性化するので、ふわふわの生地に焼き上がる。ただし半日以上休ませるとベーキングパウダーの働きが逆に弱くなってしまうので、3 時間程度に留めること。

7 型に溶かしバターをはけで薄く塗る⒪。絞り袋の先を 1㎝ほど切り落とし⒫、型の 8 分目まで絞り入れる⒬。型を軽く打ちつけて平らにならし⒭、冷蔵室で 10 分ほど寝かせる。
→ここの溶かしバターは食塩不使用のバターを電子レンジで数秒温めて溶かしたもので OK。
→生地を絞るときは型の奥から手前へ生地を絞り出す。

8 予熱したオーブンの天板に手早く型をのせ、3 分ほど焼く。さらに 190℃で 4 ～ 5 分、最後に 170℃で 2 ～ 3 分焼く。ふくらんだ部分が乾き、指で押すと弾力があれば焼き上がり⒮。型を軽く打ちつけ⒯、そのまま置いて粗熱をとる。楊枝などで取り出し、オーブン用シートを敷いたまな板などに側面を立てて置いて冷ます⒰。
→オーブンの開閉は手早くすること。時間をかけると庫内の温度が下がってしまう。
→ 170℃に下げる目安は生地の中央がふくらんだら。
→オーブンによっては焼き上がりにむらができるので、170℃に下げるタイミングで、天板の奥と手前を逆にするとベター。手早く作業すること。

⒱

Note

○急いでいる場合は、**6** で生地を寝かせずに型に流し入れ、**7** の冷蔵室で寝かせる時間を 15 分ほどにし、予熱 230℃→ 230℃で 3 分ほど→ 190℃で 3 ～ 4 分→ 170℃で 3 分ほど焼く。焼き上がりはやや軽やかになり、特にクリームなどを入れるマドレーヌにはよく合う。
○焼き色は強くなりすぎないよう注意。アルミホイルをかぶせるなどして防ぐこと。
○焼きたてから 2 時間くらいまでが食べごろ。
○中途半端に余ってしまった生地は、小さなマドレーヌとして焼くとかわいい⒱。
○保存する場合はジッパー付き保存袋にオーブン用シートを折り入れ、その中にマドレーヌを挟んで口を綴じ、常温保存する。2 日以上保存する場合は、完全に冷めたマドレーヌを 1 個ずつ OPP 袋に入れ、空気を抜いて口を閉じ、冷凍しておく。食べるときは常温でゆっくりと解凍し、オーブントースターで表面を軽く焼くとおいしい。

風味を変える

ココアやキャラメルを加えて、
生地に風味をつけることで、
同じマドレーヌとは思えないほど、
味が変わります。
色も変わってくるので、
並べてみると
とてもかわいいですね。

チョコレート

キャラメル

12

抹茶

アールグレイ

13

チョコレート 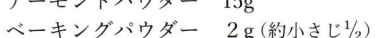 *Madeleines au chocolat*

材料（7〜8個分）
発酵バター（食塩不使用）　55g
上白糖　40g
A
　薄力粉　20g
　ココアパウダー(a)　18g
　アーモンドパウダー　15g
　ベーキングパウダー　2g（約小さじ½）
B
　卵　50g（M 1 個）
　はちみつ　10g
　バニラエクストラクト　小さじ⅙
レモン果汁　小さじ½
溶かしバター　適量

下準備
○卵、はちみつ、レモン果汁は常温（約25℃）に
もどす。
○発酵バターは適当な大きさに切ってボウルに入
れ、湯せんにかけてゴムべらで混ぜながら溶かす。
溶けたら湯せんからはずし、40℃ほどに冷ます。
○ **A** はポリ袋に入れ、よく振り混ぜる。
○ **B** は卵の白身を切るようにして泡立て器でよ
く混ぜ合わせる。
○オーブンは天板を入れたままほどよいタイミン
グで230℃に予熱する。

作り方
1　ボウルに上白糖を入れ、**A** をふるいながら加え、泡立て
　器で混ぜ合わせる。
2　指で粉の中心に穴をあけ、そこに **B** を静かに流し入れる。
　泡立て器でボウルの中心から粉を巻き込むようにしてぐる
　ぐると40回ほど、粉けがなくなるまで静かに混ぜる。
3　レモン果汁を加え、全体をざっと混ぜる。
4　溶かした発酵バターを3回に分けて加え、その都度20〜
　40回、全体になじむまで静かに混ぜる。
5　ゴムべらで全体をざっと混ぜる。
6　5を絞り袋に流し入れて口を綴じ、冷蔵室で3時間ほど寝
　かせる。
7　型に溶かしバターをはけで薄く塗る。絞り袋の先を1cmほ
　ど切り落とし、型の8分目まで絞り入れる。型を軽く打ち
　つけて平らにならし、冷蔵室で10分ほど寝かせる。
8　予熱したオーブンの天板に手早く型をのせ、3分ほど焼
　く。さらに190℃で4〜5分、最後に170℃で2〜3分焼
　く。ふくらんだ部分が乾き、指で押すと弾力があれば焼き
　上がり。型を軽く打ちつけ、そのまま置いて粗熱をとる。
　楊枝などで取り出し、オーブン用シートを敷いたまな板な
　どに側面を立てて置いて冷ます。

> *Note*　○生地をしっとりと焼き上げるため、砂糖は上白糖を使用。グ
> ラニュー糖でも構わない。
> ○ココアパウダーはバンホーテンのものを使用。ココアパウダ
> ーが入ると生地がしまりやすくなるので、焼きすぎに注意。

抹茶　*Madeleines au thé vert matcha*

材料（7〜8個分）
発酵バター（食塩不使用）　55g
粉砂糖　42g
A
　薄力粉　40g
　抹茶パウダー(a)　4g
　コーンスターチ　5g
　ベーキングパウダー　2g（約小さじ½）
B
　卵　50g（M 1 個）
　水あめ　15g
　ぬるま湯　小さじ2
溶かしバター　適量

下準備
○上の「チョコレート」と同様にする。ただしレ
モン果汁は不要。

作り方
1　ボウルに粉砂糖を入れ、**A** をふるいながら加え、泡立て
　器で混ぜ合わせる。
2　上の「チョコレート」の **2〜8** と同様に作る。ただし **3** で
　はレモン果汁は不要。

> *Note*　○抹茶は一保堂の「初昔」が甘い香りとほどよい渋みでおすすめ。
> ○抹茶の風味を生かすために粉砂糖を使用。なければグラニュ
> ー糖でも可。
> ○はちみつの代わりに水あめを使うことで抹茶の色がきれいに
> 出る。

キャラメル *Madeleines au caramel*

材料（7〜8個分）
キャラメル
- 発酵バター（食塩不使用）　40g
- グラニュー糖　40g
- はちみつ　5g
- レモン果汁　小さじ½
- 生クリーム（乳脂肪分35%）　50mℓ

グラニュー糖　15g

A
- 薄力粉　42g
- アーモンドパウダー　10g
- ベーキングパウダー　2g（約小さじ½）

B
- 卵　50g（M1個）
- 塩　小さじ⅕

溶かしバター　適量

下準備
○P14「チョコレート」と同様にする。ただしはちみつとレモン果汁を常温にもどす必要はない。
○生クリームは湯せんにかけ、人肌程度（約35℃）に温める。
○大きめのボウルなどに水を入れておく。

作り方
1　キャラメルを作る。フライパンに生クリーム以外の材料をすべて入れて中火で熱し、ゴムべらで混ぜながら溶かす ⓐ。濃い茶色になったら火からおろし、フライパンの底をボウルの水につける ⓑ。

2　生クリームを少しずつ加えながら泡立て器で静かに混ぜ合わせる ⓒ。全体がなじんで、とろりとしたら OK ⓓ。そのまま置いて40℃ほどに冷ます。キャラメルのできあがり。

3　B に 2 のキャラメルの半量を加え、全体がなじむまで混ぜ合わせる。

4　P14「チョコレート」の 1 〜 8 と同様に作る。ただし 1 では上白糖の代わりにグラニュー糖を使う。3 ではレモン果汁は不要。4 では溶かした発酵バターの代わりに残りのキャラメルを 2 回に分けて加える。

ⓐ　ⓑ　ⓒ　ⓓ

> *Note*　○キャラメルの風味をしっかりと出したマドレーヌ。
> ○キャラメルにバター、グラニュー糖、はちみつを使用しているため、生地にはバターとはちみつを加えず、グラニュー糖の量も少なめになる。

風味を変える

アールグレイ *Madeleines au thé Earl Grey*

材料（7〜8個分）
発酵バター（食塩不使用）　55g
粉砂糖　40g

A
- 薄力粉　40g
- アーモンドパウダー　12g
- ベーキングパウダー　2g（約小さじ½）

B
- 卵　50g（M1個）
- はちみつ　5g
- バニラエクストラクト　小さじ⅙

レモン果汁　小さじ1
紅茶の茶葉（アールグレイ）ⓐ　2g
溶かしバター　適量

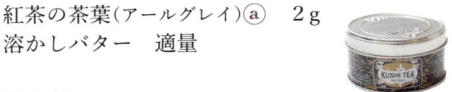

下準備
○P14「チョコレート」と同様にする。
○紅茶の茶葉はラップで包み、めん棒ですりつぶして ⓑ 粉状にする ⓒ。

作り方
1　P14「チョコレート」の 1 〜 8 と同様に作る。ただし 1 では上白糖の代わりに粉砂糖を使う。3 ではレモン果汁とともに紅茶の茶葉も加える。

ⓑ　ⓒ

> *Note*　○茶葉はクスミティーのアールグレイを使用。品のあるさわやかな香りが漂う。
> ○ P14「抹茶」と同様に粉砂糖を使用。なければグラニュー糖でも可。

パンデピス風

Madeleines façon pain d'épices

材料（7〜8個分）

発酵バター（食塩不使用）　60g
グラニュー糖　40g

A
- 薄力全粒粉　40g
- アーモンドパウダー　12g
- シナモンパウダー(a)-1　小さじ$\frac{2}{3}$
- オールスパイス(a)-2　小さじ$\frac{1}{2}$
- ベーキングパウダー　2g（約小さじ$\frac{1}{2}$）

B
- 卵　50g（M1個）
- はちみつ　20g
- しょうがのすりおろし　小さじ$\frac{1}{2}$
- 塩　少々
- 粗びき黒こしょう(a)-3　少々

レモン果汁　小さじ1
溶かしバター　適量

下準備

○卵、はちみつ、レモン果汁は常温（約25℃）にもどす。
○大きめのボウルなどに水を入れておく。
○**A**はポリ袋に入れ、よく振り混ぜる。
○**B**は卵の白身を切るようにして泡立て器でよく混ぜ合わせる。
○オーブンは天板を入れたままほどよいタイミングで230℃に予熱する。

作り方

1. 焦がしバターを作る。発酵バターは適当な大きさに切って小鍋に入れ、ゴムべらでゆっくりと混ぜながら弱火で熱する(b)。バターが溶け、泡が小さくなり、沈澱物が茶色になり始めたら火からおろし(c)、鍋底をボウルの水につけて加熱を止める(d)。茶こしで静かにこして45gほどを量り取り(e)、そのまま置いて40℃ほどに冷ます。

2. ボウルにグラニュー糖を入れ、**A**をふるいながら加え、泡立て器で混ぜ合わせる。

3. 指で粉の中心に穴をあけ、そこに**B**を静かに流し入れる。泡立て器でボウルの中心から粉を巻き込むようにしてぐるぐると40回ほど、粉けがなくなるまで静かに混ぜる。

4. レモン果汁を加え、全体をざっと混ぜる。

5. 焦がしバターを3回に分けて加え、その都度ぐるぐると20〜40回、全体になじむまで静かに混ぜる。生地を持ち上げると落ちた跡が重なってすぐに消えるくらいになればOK。

6. ゴムべらで全体をざっと混ぜる。

7. **6**を絞り袋に流し入れて口を綴じ、冷蔵室で3時間ほど寝かせる。

8. 型に溶かしバターをはけで薄く塗る。絞り袋の先を1cmほど切り落とし、型の8分目まで絞り入れる。型を軽く打ちつけて平らにならし、冷蔵室で10分ほど寝かせる。

9. 予熱したオーブンの天板に手早く型をのせ、3分ほど焼く。さらに190℃で4〜5分、最後に170℃で2〜3分焼く。ふくらんだ部分が乾き、指で押すと弾力があれば焼き上がり。型を軽く打ちつけ、そのまま置いて粗熱をとる。楊枝などで取り出し、オーブン用シートを敷いたまな板などに側面を立てて置いて冷ます。

(b)  (c)  (d)  (e)

> **Note**
> ○パンデピス＝「香辛料のパン」という名のとおり、スパイスを使ったフランスの伝統菓子風に。スパイスがふんわり香る大人っぽい味わいは、紅茶はもちろんワインにも合う。
> ○小麦の胚乳のみを粉にした小麦粉ではなく、表皮や胚芽も含む薄力全粒粉を使うことで、ぐっと風味豊かに。なければ薄力粉でも可。バターも焦がしバターにする。はちみつは「マウンテンハニー」など、風味の強いものがおすすめ。
> ○オールスパイスは、シナモン、クローブ、ナツメグの3つの香りを持つとされ、「三香子」という別名がある。

くだものを加える

味はもちろん
ビジュアルまで
ぐんと華やかになります。
旬のくだものを合わせて、
一年中
マドレーヌ作りを
楽しんでください。

18

ばらとラズベリー

Madeleines à la rose et framboises

材料（7〜8個分）

発酵バター（食塩不使用）　55g
グラニュー糖　48g

A
- 薄力粉　45g
- アーモンドパウダー　15g
- ベーキングパウダー　2g（約小さじ½）

B
- 卵　50g（M 1個）
- はちみつ　10g
- バニラエクストラクト　小さじ⅙

レモン果汁　小さじ½
ラズベリー（冷凍）　25g
ばらの花びら（ハーブティー用）ⓐ　小さじ2
溶かしバター　適量

アイシング
- 粉砂糖　30g
- レモン果汁　小さじ½
- 水　小さじ½

ⓐ

下準備

○ラズベリーは手で小さくほぐし、ペーパータオルを敷いたバットにのせⓑ、冷蔵室に1時間ほど置いて半解凍にする。
○卵、はちみつ、レモン果汁は常温（約25℃）にもどす。
○発酵バターは適当な大きさに切ってボウルに入れ、湯せんにかけてゴムべらで混ぜながら溶かす。溶けたら湯せんからはずし、40℃ほどに冷ます。
○ばらの花びらは粗く刻むⓒ。
○Aはポリ袋に入れ、よく振り混ぜる。
○Bは卵の白身を切るようにして泡立て器でよく混ぜ合わせる。
○オーブンは天板を入れたままほどよいタイミングで230℃に予熱する。

作り方

1　ボウルにグラニュー糖を入れ、**A**をふるいながら加え、泡立て器で混ぜ合わせる。

2　指で粉の中心に穴をあけ、そこに**B**を静かに流し入れる。泡立て器でボウルの中心から粉を巻き込むようにしてぐるぐると40回ほど、粉けがなくなるまで静かに混ぜる。

3　レモン果汁を加え、全体をざっと混ぜる。

4　溶かした発酵バターを3回に分けて加え、その都度ぐるぐると20〜40回、全体になじむまで静かに混ぜる。生地を持ち上げると落ちた跡が重なってすぐに消えるくらいになればOK。

5　ラズベリーとばらの花びらを加え、ゴムべらで全体をざっと混ぜるⓓ。

6　型に溶かしバターをはけで薄く塗る。ゴムべらなどで**5**を型の8分目まで流し入れる。表面を平らにならし、冷蔵室で30分ほど寝かせる。

7　予熱したオーブンの天板に手早く型をのせ、3分ほど焼く。さらに190℃で3分30秒〜4分、最後に170℃で4分ほど焼く。ふくらんだ部分が乾き、指で押すと弾力があれば焼き上がり。型を軽く打ちつけ、そのまま置いて粗熱をとる。楊枝などで取り出し、オーブン用シートを敷いたまな板などに模様のある面を上にして置いて冷ます。

8　アイシングを作る。粉砂糖にレモン果汁と水を少しずつ加え、スプーンでとろりとするまで混ぜるⓔ。マドレーヌの溝がある面に塗り、ばらの花びら少々（分量外）を散らす。

ⓑ　ⓒ
ⓓ　ⓔ

Note
○華やかでロマンティックなマドレーヌ。プレゼントに最適。
○アイシングが乾いてから1時間後〜翌日が食べごろ。
○長時間寝かせるとラズベリーから水分が出て生地がゆるくなってしまうので、ここでは30分に留める。また、生地が固めなので、絞り袋には入れずに直接型へ流し入れる。
○生地を型に流し入れる際はラズベリーが型に触れないよう注意。完成後にラズベリーが型に張りついてしまうため。
○固形物を混ぜる際には泡立て器ではなくゴムべらを用いる。
○はちみつは上品な甘みのあるアカシアのものなどがおすすめ。
○ばらの花びらはハーブティーの「ローズレッド」のものを使用。

オレンジのココナッツ風味

Madeleines à l'orange et noix de coco

材料（7〜8個分）

発酵バター（食塩不使用）　55g
グラニュー糖　40g

A
　薄力粉　40g
　ココナッツパウダー　20g
　ベーキングパウダー　2g（約小さじ½）

B
　卵　50g（M1個）
　はちみつ　8g
　塩　少々

レモンの皮　小1個分
レモン果汁　小さじ½
オレンジピール@　4本
溶かしバター　適量

下準備

○卵、はちみつ、レモン果汁は常温（約25℃）に
もどす。
○発酵バターは適当な大きさに切ってボウルに入
れ、湯せんにかけてゴムべらで混ぜながら溶かす。
溶けたら湯せんからはずし、40℃ほどに冷ます。
○オレンジピールは粗く刻む。
○**A**はポリ袋に入れ、よく振り混ぜる。
○**B**は卵の白身を切るようにして泡立て器でよ
く混ぜ合わせる。
○オーブンは天板を入れたままほどよいタイミン
グで230℃に予熱する。

作り方

1　ボウルにグラニュー糖を入れ、**A**をふるいながら加え、泡立て器で混ぜ合わせる。

2　指で粉の中心に穴をあけ、そこに**B**を静かに流し入れる。泡立て器でボウルの中心から粉を巻き込むようにしてぐるぐると40回ほど、粉けがなくなるまで静かに混ぜる。

3　レモンの皮をすりおろして加え、さらにレモン果汁を加えて全体をざっと混ぜる。

4　溶かした発酵バターを3回に分けて加え、その都度ぐるぐると20〜40回、全体になじむまで静かに混ぜる。生地を持ち上げると落ちた跡が重なってすぐに消えるくらいになればOK。

5　オレンジピールを加え、ゴムべらで全体をざっと混ぜる。

6　5を絞り袋に流し入れて口を綴じ、冷蔵室で3時間ほど寝かせる。

7　型に溶かしバターをはけで薄く塗る。絞り袋の先を1cmほど切り落とし、型の8分目まで絞り入れる。型を軽く打ちつけて平らにならし、冷蔵室で10分ほど寝かせる。

8　予熱したオーブンの天板に手早く型をのせ、3分ほど焼く。さらに190℃で4〜5分、最後に170℃で2〜3分焼く。ふくらんだ部分が乾き、指で押すと弾力があれば焼き上がり。型を軽く打ちつけ、そのまま置いて粗熱をとる。楊枝などで取り出し、オーブン用シートを敷いたまな板などに側面を立てて置いて冷ます。

> *Note*　○暖かい季節に食べたいさわやかな南国風のマドレーヌ。
> ○オレンジピールの代わりにレモンピールでもおいしい。

ゆず

Madeleines au yuzu

材料（7〜8個分）

発酵バター（食塩不使用）　55g
グラニュー糖　40g

A
　薄力粉　45g
　アーモンドパウダー　10g
　ベーキングパウダー　2g（約小さじ½）

B
　卵　50g（M1個）
　はちみつ　5g
　塩　少々
ゆず果汁　小さじ1と½
ゆずピール　20g
溶かしバター　適量

下準備

○卵、はちみつ、ゆず果汁は常温（約25℃）にもどす。
○発酵バターは適当な大きさに切ってボウルに入れ、湯せんにかけてゴムべらで混ぜながら溶かす。溶けたら湯せんからはずし、40℃ほどに冷ます。
○ゆずピールは粗く刻む。
○**A**はポリ袋に入れ、よく振り混ぜる。
○**B**は卵の白身を切るようにして泡立て器でよく混ぜ合わせる。
○オーブンは天板を入れたままほどよいタイミングで230℃に予熱する。

作り方

1　ボウルにグラニュー糖を入れ、**A**をふるいながら加え、泡立て器で混ぜ合わせる。

2　指で粉の中心に穴をあけ、そこに**B**を静かに流し入れる。泡立て器でボウルの中心から粉を巻き込むようにしてぐるぐると40回ほど、粉けがなくなるまで静かに混ぜる。

3　ゆず果汁を加え、全体をざっと混ぜる。

4　溶かした発酵バターを3回に分けて加え、その都度ぐるぐると20〜40回、全体になじむまで静かに混ぜる。生地を持ち上げると落ちた跡が重なってすぐに消えるくらいになればOK。

5　ゆずピールを加え、ゴムべらで全体をざっと混ぜ、生地の表面にラップを密着させて覆い、冷蔵室で3時間ほど寝かせる。

6　5をひと混ぜしてから絞り袋に流し入れる。

7　型に溶かしバターをはけで薄く塗る。絞り袋の先を1cmほど切り落とし、型の8分目まで絞り入れる。型を軽く打ちつけて平らにならし、冷蔵室で10分ほど寝かせる。

8　予熱したオーブンの天板に手早く型をのせ、3分ほど焼く。さらに190℃で4〜5分、最後に170℃で2〜3分焼く。ふくらんだ部分が乾き、指で押すと弾力があれば焼き上がり。型を軽く打ちつけ、そのまま置いて粗熱をとる。楊枝などで取り出し、オーブン用シートを敷いたまな板などに側面を立てて置いて冷ます。

くだものを加える

21

Note　○フランスでも料理やお菓子の素材として取り入れられることが増えたゆず。ゆずピールは製菓材料店などで購入可。
○ゆずピールは沈みやすいのでボウルで寝かせ、絞り袋に入れる前にひと混ぜし、全体に行き渡らせる。

コンフィチュールを入れる

マドレーヌの生地の中に、
とろっとした
コンフィチュール。
食感と味の組み合わせを
お楽しみください。

22

ミルクジャム入り

Madeleines fourrées à la confiture de lait

材料（7〜8個分）

発酵バター（食塩不使用）　55g
グラニュー糖　45g

A
　薄力粉　40g
　アーモンドパウダー　10g
　ベーキングパウダー　2g（約小さじ½）

B
　卵　50g（M 1個）
　はちみつ　8g
　バニラエクストラクト　小さじ⅙
　塩　少々

レモン果汁　小さじ½
溶かしバター　適量
ミルクジャム　80g
　生クリーム（乳脂肪分35%）　200mℓ
　牛乳　130mℓ
　グラニュー糖　65g
粉砂糖　適量

下準備

○卵、はちみつ、レモン果汁は常温（約25℃）に
もどす。
○発酵バターは適当な大きさに切ってボウルに入
れ、湯せんにかけてゴムべらで混ぜながら溶かす。
溶けたら湯せんからはずし、40℃ほどに冷ます。
○**A**はポリ袋などに入れ、よく振り混ぜる。
○**B**は卵の白身を切るようにして泡立て器でよ
く混ぜ合わせる。
○オーブンは天板を入れたままほどよいタイミン
グで230℃に予熱する。

作り方

1　ボウルにグラニュー糖を入れ、**A**をふるいながら加え、泡
立て器で混ぜ合わせる。

2　指で粉の中心に穴をあけ、そこに**B**を静かに流し入れる。
泡立て器でボウルの中心から粉を巻き込むようにしてぐる
ぐると40回ほど、粉けがなくなるまで静かに混ぜる。

3　レモン果汁を加え、全体をざっと混ぜる。

4　溶かした発酵バターを3回に分けて加え、その都度ぐるぐ
ると20〜40回、全体になじむまで静かに混ぜる。生地を
持ち上げると落ちた跡が重なってすぐに消えるくらいにな
れば OK。

5　ゴムべらで全体をざっと混ぜる。

6　**5**を絞り袋に流し入れて口を綴じ、冷蔵室で3時間ほど寝
かせる。

7　ミルクジャムを作る。鍋にミルクジャムの材料をすべて入
れ、ゴムべらで混ぜながら中火で熱し、煮立ってきたら弱
火にして、20〜30分煮つめる。

8　鍋の底を氷水に当てながら、ねっとりとしたクリーム状に
なるまで混ぜる。ミルクジャムのできあがり。

9　型に溶かしバターをはけで薄く塗る。**6**の絞り袋の先を1
cmほど切り落とし、型の8分目まで絞り入れる。型を軽く
打ちつけて平らにならし、冷蔵室で15分ほど寝かせる。

10　予熱したオーブンの天板に手早く型をのせ、3分ほど焼
く。さらに190℃で4〜5分、最後に170℃で2〜3分焼
く。ふくらんだ部分が乾き、指で押すと弾力があれば焼き
上がり。型を軽く打ちつけ、そのまま置いて粗熱をとる。

11　絞り袋にシュークリーム用口金をつけ、**8**のミルクジャ
ムを入れる。型からマドレーヌを楊枝などで取り
出し、ほんのり温かいうちに凸部に口金を差し込み、ミ
ルクジャム約10gずつを絞り入れる。茶こしで粉砂糖を
ふる。

   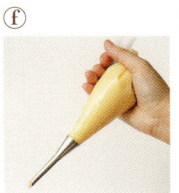 

> **Note**　○優しい甘さのミルクジャムが詰まった誰からも愛される味。
> ○マドレーヌにうまくふくらみができなかった場合は、少量の
> ジャムを注入し、あとはつけて食べるとよい。
> ○ジャムを注入して1時間から当日中が食べごろ。1時間置く
> のはミルクジャムが生地になじむから。
> ○ミルクジャムを煮つめる際の火加減は、手を休めるとふつふ
> つとするくらい。完成直前は焦げやすいので火加減に注意。余
> ったら密閉容器に入れて冷蔵室で。5〜7日は保存できる。固
> くなってしまった場合は電子レンジで軽く加熱するとよい。

アプリコットのジャム入り

MERCI !

ラズベリーのジャム入り

アプリコットのジャム入り

Madeleines fourrées à la confiture de abricots

材料（7〜8個分）
発酵バター（食塩不使用）　55g
グラニュー糖　40g
A
　薄力粉　40g
　アーモンドパウダー　12g
　ベーキングパウダー　2g（約小さじ½）
B
　卵　50g（M1個）
　はちみつ　5g
レモン果汁　小さじ1
ラベンダー（ハーブティー用）ⓐ　小さじ1
溶かしバター　適量
アプリコットジャムⓑ　40g

下準備
○卵、はちみつ、レモン果汁は常温（約25℃）に
もどす。
○発酵バターは適当な大きさに切ってボウルに入
れ、湯せんにかけてゴムべらで混ぜながら溶かす。
溶けたら湯せんからはずし、40℃ほどに冷ます。
○ラベンダーは細かく刻む。
○ Aはポリ袋に入れ、よく振り混ぜる。
○ Bは卵の白身を切るようにして泡立て器でよ
く混ぜ合わせる。
○オーブンは天板を入れたままほどよいタイミン
グで230℃に予熱する。

> *Note*　○ジャムは、南仏産のアプリコットのコクが凝
> 縮したサバトン社のものを使用。ラベンダーは
> ハーブティー用のもの。

作り方

1　ボウルにグラニュー糖を入れ、**A**をふるいながら加え、泡
　立て器で混ぜ合わせる。

2　指で粉の中心に穴をあけ、そこに**B**を静かに流し入れる。
　泡立て器でボウルの中心から粉を巻き込むようにしてぐる
　ぐると40回ほど、粉けがなくなるまで静かに混ぜる。

3　レモン果汁を加え、全体をざっと混ぜる。

4　溶かした発酵バターを3回に分けて加え、その都度ぐるぐ
　ると20〜40回、全体になじむまで静かに混ぜる。生地を
　持ち上げると落ちた跡が重なってすぐに消えるくらいにな
　ればOK。

5　ラベンダーを加え、ゴムべらで全体をざっと混ぜる。

6　5を絞り袋に流し入れて口を綴じ、冷蔵室で3時間ほど寝
　かせる。

7　型に溶かしバターをはけで薄く塗る。絞り袋の先を1cmほ
　ど切り落とし、型の8分目まで絞り入れる。型を軽く打ち
　つけて平らにならし、冷蔵室で15分ほど寝かせる。

8　予熱したオーブンの天板に手早く型をのせ、3分ほど焼
　く。さらに190℃で4〜5分、最後に170℃で2〜3分焼
　く。ふくらんだ部分が乾き、指で押すと弾力があれば焼き
　上がり。型を軽く打ちつけ、そのまま置いて粗熱をとる。

9　絞り袋にシュークリーム用口金をつけ、アプリコットジャ
　ムを入れる。型からマドレーヌを楊枝などで取り出し、ほ
　んのり温かいうちに凸部に口金を差し込み、アプリコッ
　トジャム約5gずつを絞り入れる。ラベンダー適量（分量
　外）をまぶす。

ラズベリーのジャム入り

Madeleines fourrées à la confiture de framboises

材料（7〜8個分）
発酵バター（食塩不使用）　55g
グラニュー糖　45g
A
　薄力粉　40g
　アーモンドパウダー　12g
　ベーキングパウダー　2g（約小さじ½）
B
　卵　50g（M1個）
　はちみつ　5g
レモン果汁　小さじ1
溶かしバター　適量
ラズベリージャムⓐ　40g
キルシュ　小さじ½
粉砂糖　適量

下準備
○上の「アプリコットのジャム入り」と同様にする。ただしラ
ベンダーは不要。

作り方

1　上の「アプリコットのジャム入り」の**1〜9**と同様に作る。
　ただしラベンダーは不要。**9**ではアプリコットジャムの代
　わりにキルシュと混ぜ合わせたラズベリージャムを使う。
　最後に茶こしで粉砂糖をふる。

> *Note*　○ジャムに加えるキルシュと仕上げの粉砂糖は好みで。なくて
> もOK。
> ○プレーンな生地に甘酸っぱいラズベリージャムは、シンプル
> ながら食べ飽きない組み合わせ。サンダルフォーのものを使用。

リキッドを入れる

はちみつやキャラメル、
黒蜜など、液状のものなら
同じ方法でマドレーヌに
入れることができます。
生地によくしみて、
とってもおいしいですよ。

26

miel
d'acacia
125g

はちみつ入りのバニラ風味

Madeleines fourrées au miel

材料（7〜8個分）

発酵バター（食塩不使用）　55g
グラニュー糖　45g

A
　薄力粉　40g
　アーモンドパウダー　10g
　ベーキングパウダー　2g（約小さじ½）

B
　卵　50g（M1個）
　はちみつ　8g
　塩　少々

レモン果汁　小さじ½
バニラビーンズ（さや）ⓐ　½本
溶かしバター　適量
はちみつⓑ　30g

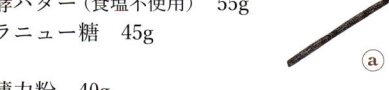

下準備

○卵、はちみつ、レモン果汁は常温（約25℃）に
もどす。
○発酵バターは適当な大きさに切ってボウルに入
れ、湯せんにかけてゴムべらで混ぜながら溶かす。
溶けたら湯せんからはずし、40℃ほどに冷ます。
○バニラビーンズはナイフでさやを縦半分に割り
ⓒ、種をこそげ取るⓓ。
○**A**はポリ袋に入れ、よく振り混ぜる。
○**B**は卵の白身を切るようにして泡立て器でよ
く混ぜ合わせる。
○オーブンは天板を入れたままほどよいタイミン
グで230℃に予熱する。

作り方

1　ボウルにグラニュー糖を入れ、**A**をふるいながら加え、泡
立て器で混ぜ合わせる。

2　指で粉の中心に穴をあけ、そこに**B**を静かに流し入れる。
泡立て器でボウルの中心から粉を巻き込むようにしてぐる
ぐると40回ほど、粉けがなくなるまで静かに混ぜる。

3　レモン果汁とバニラビーンズを加え、全体をざっと混ぜる。

4　溶かした発酵バターを3回に分けて加え、その都度ぐるぐ
ると20〜40回、全体になじむまで静かに混ぜる。生地を
持ち上げると落ちた跡が重なってすぐに消えるくらいにな
ればOK。

5　ゴムべらで全体をざっと混ぜる。

6　5を絞り袋に流し入れて口を綴じ、冷蔵室で3時間ほど寝
かせる。

7　型に溶かしバターをはけで薄く塗る。絞り袋の先を1cmほ
ど切り落とし、型の8分目まで絞り入れる。型を軽く打ち
つけて平らにならし、冷蔵室で15分ほど寝かせる。

8　予熱したオーブンの天板に手早く型をのせ、3分ほど焼
く。さらに190℃で4〜5分、最後に170℃で2〜3分焼
く。ふくらんだ部分が乾き、指で押すと弾力があれば焼き
上がり。型を軽く打ちつけ、そのまま置いて粗熱をとる。

9　シュークリーム用口金をつけた絞り袋（またはシリンジ）に
はちみつを入れる。型からマドレーヌを楊枝などで取り出
し、ほんのり温かいうちに凸部に口金（またはシリンジの
先端）を差し込み、はちみつ3〜4gずつを絞り入れるⓔ。

> *Note*　○バニラの香りをまとった生地にははちみつがとろりと入った
> リッチな味わい。
> ○はちみつのような粘度のあるものを注入する場合は、絞り袋
> よりシリンジ（針なし）がおすすめ。薬局や、または100円ショッ
> プなどで売っていることもある。注入したてから翌日までが食
> べごろ。
> ○はちみつは、アピディスのアカシアがおすすめ。ブルゴー
> ニュ地方で採取された、軽やかで繊細な味わいが特徴。

タイム風味のキャラメル入り
Madeleines fourrées au caramel au thym

黒蜜入りの抹茶風味
Madeleines fourrées au thé vert matcha

28

黒蜜入りの抹茶風味

材料（7〜8個分）

発酵バター（食塩不使用）　55g
粉砂糖　42g

A

薄力粉　40g
抹茶パウダー　4g
コーンスターチ　5g
ベーキングパウダー　2g（約小さじ½）

B

卵　50g（M1個）
水あめ　15g
ぬるま湯　小さじ2

溶かしバター　適量
黒蜜（市販）　30g

下準備

○卵とはちみつは常温（約25℃）にもどす。
○発酵バターは適当な大きさに切ってボウルに入れ、湯せんにかけてゴムべらで混ぜながら溶かす。溶けたら湯せんからはずし、40℃ほどに冷ます。
○Aはポリ袋に入れ、よく振り混ぜる。
○Bは卵の白身を切るようにして泡立て器でよく混ぜ合わせる。
○オーブンは天板を入れたままほどよいタイミングで230℃に予熱する。

作り方

1 ボウルに粉砂糖を入れ、Aをふるいながら加え、泡立て器で混ぜ合わせる。

2 指で粉の中心に穴をあけ、そこにBを静かに流し入れる。泡立て器でボウルの中心から粉を巻き込むようにしてぐるぐると40回ほど、粉けがなくなるまで静かに混ぜる。

3 溶かした発酵バターを3回に分けて加え、その都度ぐるぐると20〜40回、全体になじむまで静かに混ぜる。生地を持ち上げると落ちた跡が重なってすぐに消えるくらいになればOK。

4 ゴムべらで全体をざっと混ぜる。

5 4を絞り袋に流し入れて口を綴じ、冷蔵室で3時間ほど寝かせる。

6 型に溶かしバターをはけで薄く塗る。絞り袋の先を1cmほど切り落とし、型の9分目まで絞り入れる。型を軽く打ちつけて平らにならし、冷蔵室で15分ほど寝かせる。

7 予熱したオーブンの天板に手早く型をのせ、3分ほど焼く。さらに190℃で4分ほど、最後に170℃で2〜3分焼く。ふくらんだ部分が乾き、指で押すと弾力があれば焼き上がり。型を軽く打ちつけ、そのまま置いて粗熱をとる。

8 シュークリーム用口金をつけた絞り袋（またはシリンジ）に黒蜜を入れる。型からマドレーヌを楊枝などで取り出し、ほんのり温かいうちに凸部に口金（またはシリンジの先端）を差し込み、黒蜜3〜4gずつを絞り入れる。

> *Note*　○和菓子のような親しみやすい味。
> ○黒蜜は粘度があるもののほうが注入しやすい。
> ○さっくり仕上がるようにコーンスターチを加える。

タイム風味のキャラメル入り

材料（7〜8個分）

発酵バター（食塩不使用）　55g
グラニュー糖　45g

A

薄力粉　40g
アーモンドパウダー　10g
ベーキングパウダー　2g（約小さじ½）

B

卵　50g（M1個）
はちみつ　8g
バニラエクストラクト　小さじ⅙
塩　少々

レモン果汁　小さじ½
溶かしバター　適量
タイム風味のキャラメル　80g

生クリーム（乳脂肪分35%）　100mℓ
タイム　5枝
グラニュー糖　50g
バター（食塩不使用）　10g

下準備

○上の「黒蜜入りの抹茶風味」と同様にする。レモン果汁も常温にもどす。
○大きめのボウルなどに水を入れておく。

作り方

1 上の「黒蜜入りの抹茶風味」の1〜7と同様に作る。ただし3で発酵バターを加える前に、レモン果汁を加えて全体をざっと混ぜる。

2 タイム風味のキャラメルを作る。小鍋に生クリームとタイムを入れて弱めの中火で熱し、沸騰直前に火からおろし、ラップをかけて20分ほど置く。

3 フライパンにグラニュー糖を入れて強火で熱し、ゴムべらで混ぜながら溶かす。濃い茶色になったら火からおろし、フライパンの底をボウルの水につける。

4 2を弱火で加熱して人肌程度に温め直し、こしながらフライパンに3〜4回に分けて加え、その都度泡立て器で混ぜる。

5 バターを加え、全体になじむまで混ぜ、さらにフライパンの底を氷水に当てながら、冷たくなるまでゴムべらで混ぜる。タイム風味のキャラメルのできあがり。

6 シュークリーム用口金をつけた絞り袋に5を入れる。型からマドレーヌを楊枝などで取り出し、ほんのり温かいうちに凸部に口金を差し込み、タイム風味のキャラメル約10gずつを絞り入れる（シリンジは使わないこと）。

> *Note*　○清涼感あるタイムの香りがポイント。プロセス4で生クリームをこす際に、タイムを絞ってしっかりと風味を残す。
> ○キャラメルを注入して1時間後から当日中が食べごろ。翌日食べる場合はラップに包んで冷蔵室へ。
> ○残ったキャラメルは冷蔵室で保存。電子レンジで20秒ほど加熱してやわらかくしてから使う。パンにつけてもおいしい。

クリームを入れる

クリーム入りのマドレーヌは
いまパリで大人気のお菓子です。
くだもののフレーバーと
クリームのなめらかな食感が、
マドレーヌを華やかで
おいしいお菓子に一変させます。

30

レモンクリーム入り

グレープフルーツクリーム入り

マロンクリーム入り

31

レモンクリーム入り

Madeleines fourrées à la crème de citron

材料（7〜8個分）

発酵バター（食塩不使用）　55g
グラニュー糖　45g

A
　薄力粉　40g
　アーモンドパウダー　10g
　ベーキングパウダー　2g（約小さじ½）

B
　卵　50g（M1個）
　はちみつ　8g
　バニラエクストラクト　小さじ⅙
　塩　少々
レモンの皮　小1個分
レモン果汁　小さじ½
溶かしバター　適量
レモンクリーム　80g
　レモン果汁　40mℓ
　卵　50g（M1個）
　グラニュー糖　40g
　バター（食塩不使用）　30g
粉砂糖　適量

下準備

○卵、はちみつ、レモン果汁は常温（約25℃）に
もどす。
○発酵バターは適当な大きさに切ってボウルに入
れ、湯せんにかけてゴムべらで混ぜながら溶かす。
溶けたら湯せんからはずし、40℃ほどに冷ます。
○Aはポリ袋に入れ、よく振り混ぜる。
○Bは卵の白身を切るようにして泡立て器でよ
く混ぜ合わせる。
○オーブンは天板を入れたままほどよいタイミン
グで230℃に予熱する。

Note　○レモンクリーム（レモンカード）をたっぷりと
加えて香り高く。
○レモンクリームは少し余る。保存する場合は
冷蔵室へ。ヨーグルトやアイスクリーム、ビス
ケットなどにかけてもおいしい。
○レモンは国産で農薬、ポストハーベスト不使
用のものが望ましい。
○クリームが傷みやすいので、当日中に食べる。
クリームを入れてから1時間後が食べごろ。

作り方

1　ボウルにグラニュー糖を入れ、**A**をふるいながら加え、泡
立て器で混ぜ合わせる。

2　指で粉の中心に穴をあけ、そこに**B**を静かに流し入れる。
泡立て器でボウルの中心から粉を巻き込むようにしてぐる
ぐると40回ほど、粉けがなくなるまで静かに混ぜる。

3　レモンの皮をすりおろして加え、さらにレモン果汁を加え
て全体をざっと混ぜる。

4　溶かした発酵バターを3回に分けて加え、その都度ぐるぐ
ると20〜40回、全体になじむまで静かに混ぜる。生地を
持ち上げると落ちた跡が重なってすぐに消えるくらいにな
れば OK。

5　ゴムべらで全体をざっと混ぜる。

6　**5**を絞り袋に流し入れて口を綴じ、冷蔵室で15分ほど寝
かせる。

7　レモンクリームを作る。ボウルに卵とグラニュー糖½量
を入れ、泡立て器で混ぜ合わせる。

8　小鍋にレモン果汁、残りのグラニュー糖、バターを入れ、
泡立て器で混ぜながら弱火で熱し**ⓐ**、グラニュー糖が溶
けたら火からおろして、**7**のボウルに⅓量を加えて混ぜる
ⓑ。

9　ボウルの中身を小鍋に戻し入れ**ⓒ**、湯せんにかけながら
泡立て器でとろみがつくまで混ぜる**ⓓ**。

10　こしながらボウルに移し**ⓔ**、ボウルの底を氷水に当てな
がらゴムべらで冷たくなるまで混ぜる。**13**で使うまで冷
蔵室で保存する。レモンクリームのできあがり。

11　型に溶かしバターをはけで薄く塗る。**6**の絞り袋の先を1
cmほど切り落とし、型の9分目まで絞り入れる。型を軽く
打ちつけて平らにならし、冷蔵室で15分ほど寝かせる。

12　予熱したオーブンの天板に手早く型をのせ、3分ほど焼
く。さらに190℃で3〜4分、最後に170℃で2〜3分焼
く。ふくらんだ部分が乾き、指で押すと弾力があれば焼き
上がり。型を軽く打ちつけ、そのまま置いて粗熱をとる。

13　シュークリーム用口金をつけた絞り袋に**10**のレモンクリ
ームを流し入れる。型からマドレーヌを楊枝などで取り出
し、ほんのり温かいうちに凸部に口金を差し込み、レモン
クリーム約10gずつを絞り入れる。茶こしで粉砂糖をふり、
レモンの皮のすりおろし適量（分量外）を散らす。

グレープフルーツクリーム入り

材料（7〜8個分）

発酵バター（食塩不使用）　55g
グラニュー糖　45g

A
薄力粉　40g
アーモンドパウダー　10g
ベーキングパウダー　2g（約小さじ½）

B
卵　50g（M1個）
はちみつ　8g
バニラエクストラクト　小さじ⅙
塩　少々

レモンの皮　小1個分
レモン果汁　小さじ½
溶かしバター　適量

グレープフルーツクリーム　80g
グレープフルーツ果汁　50mℓ
卵　50g（M1個）
グラニュー糖　45g
バター（食塩不使用）　55g
ローズマリー　1枝

下準備
○P32「レモンクリーム入り」と同様にする。

作り方

1　P32「レモンクリーム入り」の**1**〜**6**と同様に作る。

2　グレープフルーツクリームを作る。ボウルに卵とグラニュー糖½量を入れ、泡立て器で混ぜ合わせる。

3　小鍋にグレープフルーツ果汁、残りのグラニュー糖、バター、ローズマリーを入れ、泡立て器で混ぜながら弱火で熱し、グラニュー糖が溶けたら火からおろして、**2**のボウルに⅓量を加えて混ぜる。

4　ボウルの中身を小鍋に戻し入れ、湯せんにかけながら泡立て器でとろみがつくまで混ぜる。

5　こしながらボウルに移し、ボウルの底を氷水に当てながらゴムべらで冷たくなるまで混ぜる。**8**で使うまで冷蔵室で保存する。グレープフルーツクリームのできあがり。

6　型に溶かしバターをはけで薄く塗る。**1**の絞り袋の先を1cmほど切り落とし、型の9分目まで絞り入れる。型を軽く打ちつけて平らにならし、冷蔵室で15分ほど寝かせる。

7　予熱したオーブンの天板に手早く型をのせ、3分ほど焼く。さらに190℃で3〜4分、最後に170℃で2〜3分焼く。ふくらんだ部分が乾き、指で押すと弾力があれば焼き上がり。型を軽く打ちつけ、そのまま置いて粗熱をとる。

8　シュークリーム用口金をつけた絞り袋に**5**のグレープフルーツクリームを入れる。型からマドレーヌを楊枝などで取り出し、ほんのり温かいうちに凸部に口金を差し込み、グレープフルーツクリーム約10gずつを絞り入れる。ローズマリー適量（分量外）をのせる。

Note　○甘酸っぱくてほろ苦いグレープフルーツのクリームを入れた、さわやかなマドレーヌ。
○クリームを保存する場合は冷蔵室へ。ヨーグルトやアイスクリーム、ビスケットなどにかけてもおいしい。
○クリームが傷みやすいので、当日中に食べる。

クリームを入れる

マロンクリーム入り

材料（7〜8個分）

発酵バター（食塩不使用）　55g
グラニュー糖　40g

A
薄力粉　40g
アーモンドパウダー　12g
ベーキングパウダー　2g（約小さじ½）

B
卵　50g（M1個）
はちみつ　8g
バニラエクストラクト　小さじ⅙

レモン果汁　小さじ½
溶かしバター　適量

マロンクリーム
マロンペースト ⓐ　55g
アプリコットジャム　10g

ⓐ

下準備
○P32「レモンクリーム入り」と同様にする。

作り方

1　P32「レモンクリーム入り」の**1**〜**6**、**11**〜**12**と同様に作る。ただし**3**ではレモンの皮は不要。

2　マロンクリームを作る。ボウルにマロンペーストを入れ、ゴムべらでほぐしてやわらかくし、アプリコットジャムを加えて、泡立て器でよく混ぜる。

3　シュークリーム用口金をつけた絞り袋に**2**のマロンクリームを流し入れる。型からマドレーヌを楊枝などで取り出し、ほんのり温かいうちに凸部に口金を差し込み、マロンクリーム約8gずつを絞り入れる。

Note　○アプリコットジャムを加えて軽やかさを出したマロンクリーム。マロンペーストはサバトンのものを使用。
○クリームが傷みやすいので、当日中に食べる。

ガナッシュを入れる

ガナッシュとは
チョコレートと生クリームを
合わせたクリームのこと。
マドレーヌに強さが加わって、
男性にも喜ばれる
お菓子になります。

ガナッシュ入り

コーヒーのガナッシュ入り

ホワイトチョコのガナッシュ入り

35

ガナッシュ入り

Madeleines au cœur de ganache au chocolat

材料（7〜8個分）

発酵バター（食塩不使用）　55g
上白糖　40g

A
　薄力粉　20g
　ココアパウダー　18g
　アーモンドパウダー　15g
　ベーキングパウダー　2g（約小さじ½）

B
　卵　50g（M1個）
　はちみつ　8g
　バニラエクストラクト　小さじ⅙
レモン果汁　小さじ½
溶かしバター　適量

ガナッシュ
　クーベルチュール
　　チョコレート（スイート）ⓐ　40g
　生クリーム（乳脂肪分35%）　35mℓ
　バター（食塩不使用）　10g
粉砂糖　適量

下準備

○卵、はちみつ、レモン果汁、ガナッシュのバターは常温（約25℃）にもどす。
○発酵バターは適当な大きさに切ってボウルに入れ、湯せんにかけてゴムべらで混ぜながら溶かす。溶けたら湯せんからはずし、40℃ほどに冷ます。
○ **A** はポリ袋に入れ、よく振り混ぜる。
○ **B** は卵の白身を切るようにして泡立て器でよく混ぜ合わせる。
○オーブンは天板を入れたままほどよいタイミングで230℃に予熱する。

36

作り方

1　ボウルに上白糖を入れ、**A** をふるいながら加え、泡立て器で混ぜ合わせる。

2　指で粉の中心に穴をあけ、そこに **B** を静かに流し入れる。泡立て器でボウルの中心から粉を巻き込むようにしてぐるぐると40回ほど、粉けがなくなるまで静かに混ぜる。

3　レモン果汁を加え、全体をざっと混ぜる。

4　溶かした発酵バターを3回に分けて加え、その都度ぐるぐると20〜40回、全体になじむまで静かに混ぜる。生地を持ち上げると落ちた跡が重なってすぐに消えるくらいになればOK。

5　ゴムべらで全体をざっと混ぜる。

6　5を絞り袋に流し入れて口を綴じ、冷蔵室で3時間ほど寝かせる。

7　型に溶かしバターをはけで薄く塗る。絞り袋の先を1cmほど切り落とし、型の9分目まで絞り入れる。型を軽く打ちつけて平らにならし、冷蔵室で15分ほど寝かせる。

8　予熱したオーブンの天板に手早く型をのせ、3分ほど焼く。さらに190℃で4分ほど、最後に170℃で2〜3分焼く。ふくらんだ部分が乾き、指で押すと弾力があれば焼き上がり。型を軽く打ちつけ、そのまま置いて粗熱をとる。

9　マドレーヌが温かいうちにガナッシュを作る。耐熱性のボウルにクーベルチュールチョコレートと生クリームを入れてラップをかけ ⓑ、電子レンジで50秒ほど加熱してチョコレートをやわらかくする ⓒ。

10　泡立て器でざっと混ぜ ⓓ、さらにバターを加えてよく混ぜ、全体になじませる ⓔ。

11　ボウルの底を冷水に当てて冷ましながら、ゴムべらでなめらかなクリーム状になるまで静かに混ぜる。ガナッシュのできあがり。

12　シュークリーム用口金をつけた絞り袋に11のガナッシュを入れる。型からマドレーヌを楊枝などで取り出し、凸部に口金を差し込んでガナッシュ約10gずつを絞り入れ、茶こしで粉砂糖をふる。

ⓑ 　ⓒ 　ⓓ 　ⓔ

コーヒーのガナッシュ入り

Madeleines au cœur de ganache au café

材料（7〜8個分）

発酵バター（食塩不使用）　55g
粉砂糖　40g

A
薄力粉　40g
アーモンドパウダー　10g
ベーキングパウダー　2g（約小さじ½）

B
卵　50g（M1個）
はちみつ　5g
インスタントコーヒー @　小さじ1

@

レモン果汁　小さじ½
溶かしバター　適量

コーヒーのガナッシュ
クーベルチュール
チョコレート（ミルク）ⓑ　45g
生クリーム（乳脂肪分35%）　35mℓ
インスタントコーヒー　小さじ1
バター（食塩不使用）　10g

ⓑ

下準備
○P36「ガナッシュ入り」と同様にする。

作り方

1　P36「ガナッシュ入り」の**1〜8**と同様に作る。ただし**1**では上白糖の代わりに粉砂糖を使う。

2　マドレーヌが温かいうちにコーヒーのガナッシュを作る。耐熱性のボウルにクーベルチュールチョコレート、生クリーム、インスタントコーヒーを入れてラップをかけ、電子レンジで40秒ほど加熱してチョコレートをやわらかくする。

3　泡立て器でざっと混ぜ、さらにバターを加えてよく混ぜ、全体になじませる。

4　ボウルの底を冷水に当てて冷ましながら、ゴムべらでなめらかなクリーム状になるまで静かに混ぜる。コーヒーのガナッシュのできあがり。

5　シュークリーム用口金をつけた絞り袋に**4**のコーヒーのガナッシュを入れる。型からマドレーヌを楊枝などで取り出し、凸部に口金を差し込んでコーヒーのガナッシュ約10gずつを絞り入れる。

> *Note*　○手軽なインスタントコーヒーを生地とクリームに加えるだけ。ちょっとビターな味は男性にもおすすめ。
> ○インスタントコーヒーはこくが深めのタイプがおすすめ。
> ○クーベルチュールチョコレートはカカオバリーの「ピストールラクテ カカオ 38.2%」を使用。
> ○粉砂糖はグラニュー糖で代用可。

ホワイトチョコのガナッシュ入り

Madeleines au cœur de ganache au chocolat blanc

材料（7〜8個分）

発酵バター（食塩不使用）　55g
グラニュー糖　40g

A
薄力粉　40g
アーモンドパウダー　12g
ベーキングパウダー　2g（約小さじ½）

B
卵　50g（M1個）
はちみつ　5g
バニラエクストラクト　小さじ⅙

レモン果汁　小さじ½
ラムレーズン　30g
溶かしバター　適量

ホワイトチョコのガナッシュ
クーベルチュール
チョコレート（ホワイト）@　50g
生クリーム（乳脂肪分35%）　25mℓ
バター（食塩不使用）　10g
（好みで）ラム酒　小さじ½
粉砂糖　適量

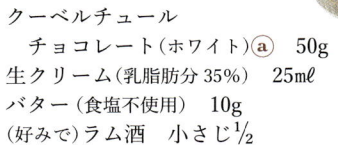
@

下準備
○P36「ガナッシュ入り」と同様にする。
○ラムレーズンは粗く刻む。

作り方

1　P36「ガナッシュ入り」の**1〜8**と同様に作る。ただし**1**では上白糖の代わりにグラニュー糖を使う。**5**ではラムレーズンの⅔量を加えてから混ぜる。**7**では型に生地を絞り入れたら残りのラムレーズンをのせる。

2　マドレーヌが温かいうちにホワイトチョコのガナッシュを作る。耐熱性のボウルにクーベルチュールチョコレートと生クリームを入れてラップをかけ、電子レンジで40秒ほど加熱してチョコレートをやわらかくする。

3　泡立て器でざっと混ぜ、さらにバターとラム酒を加えてよく混ぜ、全体になじませる。

4　ボウルの底を冷水に当てて冷ましながら、ゴムべらでなめらかなクリーム状になるまで静かに混ぜる。ホワイトチョコのガナッシュのできあがり。

5　シュークリーム用口金をつけた絞り袋に**4**のホワイトチョコのガナッシュを入れる。型からマドレーヌを楊枝などで取り出し、凸部に口金を差し込んでホワイトチョコのガナッシュ約10gずつを絞り入れ、茶こしで粉砂糖をふる。

> *Note*　○香り高いラムレーズンとクリーミーなホワイトチョコは、大人にこそおすすめしたいぜいたくな組み合わせ。
> ○クーベルチュールチョコレートはカカオバリーの「ブランサタン カカオ 29%」を使用。ホワイトチョコは焦げやすいので、電子レンジの加熱時間は様子を見ながら調整する。

サレ（塩味）にする

マドレーヌは塩味にすれば
食べやすいサイズの
ちょうどよい
アペリティフにもなります。
フランスでは
ポピュラーな料理です。

トマトとオリーブ

Madeleines salés aux tomates séchées et olives

材料（6個分）

A
- バター（食塩不使用）　30g
- オリーブオイル　小さじ2

B
- オリーブ　15g
- ドライトマト（オイル漬け）　20g

C
- 卵　50g（M 1個）
- 牛乳　20mℓ
- 塩　小さじ⅓
- にんにくのすりおろし　小さじ¼

D
- 薄力粉　55g
- ベーキングパウダー　2g（約小さじ½）

E
- 粉チーズ　大さじ1と⅓
- イタリアンパセリの粗みじん切り　大さじ1
- 粗びき黒こしょう　少々
- 粗びきレッドペッパー（または一味唐辛子）　少々
- 溶かしバター　適量

下準備

○卵は常温（約25℃）にもどす。
○Aのバターは適当な大きさに切り、オリーブオイルとともにボウルに入れ、湯せんにかけてゴムべらで混ぜながら溶かす。溶けたら湯せんからはずし、40℃ほどに冷ます。
○Bのオリーブとドライトマトは粗く刻む。
○Cは卵の白身を切るようにして泡立て器でよく混ぜ合わせる。
○Eは混ぜ合わせる。
○オーブンは天板を入れたままほどよいタイミングで230℃に予熱する。

作り方

1 ボウルに**D**をふるいながら入れる。

2 指で粉の中心に穴をあけ、そこに**C**を静かに流し入れる。泡立て器でボウルの中心から粉を巻き込むようにしてぐるぐると40回ほど、粉けがなくなるまで静かに混ぜるⒸⒹ。

3 **A**を2回に分けて加え、その都度全体になじむまで混ぜる。

4 **B**、**E**を順に加え、その都度ゴムべらでざっと混ぜる。

5 型に溶かしバターをはけで薄く塗る。ゴムべらで**4**を型の9分目まで流し入れ、型を軽く打ちつけて平らにならし、レッドペッパー少々（分量外）を散らして、冷蔵室で30分ほど寝かせる。

6 予熱したオーブンの天板に手早く型をのせ、3分ほど焼く。さらに190℃で4〜5分、最後に170℃で2〜3分焼く。ふくらんだ部分が乾き、指で押すと弾力があれば焼き上がり。型を軽く打ちつけ、楊枝などで取り出し、網に上げて粗熱をとる。レッドペッパー適量（分量外）を散らす。

Ⓐ Ⓑ Ⓒ Ⓓ

Note
○ドライトマトの酸味とオリーブのこくが生きた、イタリア風のマドレーヌ・サレ。
○サレでは発酵バターではなく普通のバターを使い、一部オリーブオイルを加える。オイルはエクストラバージンオリーブオイルがおすすめ。軽い仕上がりになる。
○同様に軽く仕上げたいので寝かせる時間は30分。生地が固めなので絞り袋は使わない。
○甘いタイプより水分が少ないので、混ぜていると生地が泡立て器の中にたまってしまう。時々生地を落としながら混ぜる。

ベーコンと玉ねぎ

マッシュルームとくるみ

ベーコンと玉ねぎ *Madeleines salés au bacon et aux oignons*

材料（6個分）

A
- バター（食塩不使用）　30g
- オリーブオイル　小さじ2

B
- ベーコン（薄切り）　2枚（40g）
- 玉ねぎのみじん切り　40g
- 粗びき黒こしょう　少々

C
- 卵　50g（M1個）
- 牛乳　20mℓ
- 塩　小さじ⅓
- にんにくのすりおろし　小さじ¼

D
- 薄力粉　55g
- ベーキングパウダー　2g（約小さじ½）

粉チーズ　大さじ1と⅓
粗びき黒こしょう　少々
溶かしバター　適量

下準備

○卵は常温（約25℃）にもどす。
○Aのバターは適当な大きさに切ってオリーブオイルとともにボウルに入れ、湯せんにかけてゴムべらで混ぜながら溶かす。溶けたら湯せんからはずし、40℃ほどに冷ます。
○Bのベーコンは細切りにし、フライパンで中火で炒める。脂が出てきたら玉ねぎを加えて炒め合わせ、黒こしょうをふり、そのまま置いて冷ます。

○Cは卵の白身を切るようにして泡立て器でよく混ぜ合わせる。
○オーブンは天板を入れたままほどよいタイミングで230℃に予熱する。

作り方

1　ボウルにDをふるい入れる。

2　指で粉の中心に穴をあけ、そこにCを静かに流し入れる。泡立て器でボウルの中心から粉を巻き込むようにしてぐるぐると40回ほど、粉けがなくなるまで静かに混ぜる。

3　Aを2回に分けて加え、その都度全体になじむまで混ぜる。

4　粉チーズと黒こしょうを加え、ゴムべらで全体をざっと混ぜる。

5　Bを加え、全体をざっと混ぜる。

6　型に溶かしバターをはけで薄く塗る。ゴムべらで5を型の9分目まで流し入れ、型を軽く打ちつけて平らにならし、冷蔵室で30分ほど寝かせる。

7　予熱したオーブンの天板に手早く型をのせ、3分ほど焼く。さらに190℃で4〜5分、最後に170℃で2〜3分焼く。ふくらんだ部分が乾き、指で押すと弾力があれば焼き上がり。型を軽く打ちつけ、楊枝などで取り出し、網に上げて粗熱をとる。

> *Note*　○玉ねぎの甘みをベーコンの塩気が引き立てる。
> ○ナツメグパウダーを少し加えても味に深みが出ておいしい。

マッシュルームとくるみ *Madeleines salés aux champignons et noix*

材料（6個分）

A
- バター（食塩不使用）　30g
- オリーブオイル　小さじ2

B
- マッシュルーム　大2個（50g）
- ローズマリー　1枝
- オリーブオイル　小さじ2
- 塩・こしょう　各少々

C
- 卵　50g（M1個）
- 牛乳　20mℓ
- 塩　小さじ⅓
- にんにくのすりおろし　小さじ¼

D
- 薄力粉　55g
- ベーキングパウダー　2g（約小さじ½）

くるみ（ロースト済み）　30g
粉チーズ　大さじ1と⅓
粗びき黒こしょう　少々
溶かしバター　適量

下準備

○卵は常温（約25℃）にもどす。
○Aのバターは適当な大きさに切り、オリーブオイルとともにボウルに入れ、湯せんにかけてゴムべらで混ぜながら溶かす。溶けたら湯せんからはずし、40℃ほどに冷ます。
○Bのマッシュルームはざく切りにする。フライパンにローズマリーとオリーブオイルを入れて弱火で熱し、香りが立ったらマッシュルームを加え、強めの中火でしんなりするまで炒める。塩、こしょうをふり、火からおろして冷ます。
○くるみは粗くきざむ。
○Cは卵の白身を切るようにして泡立て器でよく混ぜ合わせる。
○オーブンは天板を入れたままほどよいタイミングで230℃に予熱する。

作り方

1　上の「ベーコンと玉ねぎ」の1〜7と同様に作る。ただし5ではBとともにくるみも加える。

> *Note*　○マッシュルームとくるみの滋味深さを堪能できるマドレーヌ。
> キリッと冷やした白ワインを合わせてもおいしい。

41

カレー

Fromage.

チーズ

42

カレー ∽ *Madeleines salés au curry*

材料（6個分）

A
- バター（食塩不使用）　30g
- オリーブオイル　小さじ2

B
- 粉チーズ　大さじ1と⅓
- カレー粉　小さじ1と½
- 粗びき黒こしょう　少々

C
- 卵　50g（M1個）
- 牛乳　20㎖
- 塩　小さじ⅓
- にんにくのすりおろし　小さじ¼

D
- 薄力粉　55g
- ベーキングパウダー　2g（約小さじ½）

粗びきソーセージ　4本（約75g）
溶かしバター　適量

下準備
- ○卵は常温（約25℃）にもどす。
- ○**A**のバターは適当な大きさに切り、オリーブオイルとともにボウルに入れ、湯せんにかけてゴムべらで混ぜながら溶かす。溶けたら湯せんからはずし、40℃ほどに冷ます。
- ○ソーセージは粗みじん切りにし、熱したフライパンで軽く焼き、火からおろして冷ます。
- ○**B**は混ぜ合わせる。

- ○**C**は卵の白身を切るようにして泡立て器でよく混ぜ合わせる。
- ○オーブンは天板を入れたままほどよいタイミングで230℃に予熱する。

作り方

1　ボウルに**D**をふるい入れる。

2　指で粉の中心に穴をあけ、そこに**C**を静かに流し入れる。泡立て器でボウルの中心から粉を巻き込むようにしてぐるぐると40回ほど、粉けがなくなるまで静かに混ぜる。

3　**A**を2回に分けて加え、その都度全体になじむまで混ぜる。

4　**B**、ソーセージを順に加え、その都度ゴムべらでざっと混ぜる。

5　型に溶かしバターをはけで薄く塗る。ゴムべらで**4**を型の9分目まで流し入れ、型を軽く打ちつけて平らにならし、冷蔵室で30分ほど寝かせる。

6　予熱したオーブンの天板に手早く型をのせ、3分ほど焼く。さらに190℃で4〜5分、最後に170℃で2〜3分焼く。ふくらんだ部分が乾き、指で押すと弾力があれば焼き上がり。型を軽く打ちつけ、楊枝などで取り出し、網に上げて粗熱をとる。

> *Note*
> - ○子どもも大好きなカレーの香りが焼き上がるとともにふわっと広がる。
> - ○ソーセージとともに粗く刻んだバジルの葉4〜5枚分を加えると、より香り豊かに。

チーズ ∽ *Madeleines salés au fromage*

材料（6個分）

A
- バター（食塩不使用）　30g
- オリーブオイル　小さじ2

B
- 粉チーズ　15g
- ゴーダ　20g
- 粗びき黒こしょう　少々

C
- 卵　50g（M1個）
- 牛乳　20㎖
- 塩　小さじ⅓
- にんにくのすりおろし　小さじ¼

D
- 薄力粉　55g
- ベーキングパウダー　2g（約小さじ½）

オレガノ（乾燥）　少々
粗びき黒こしょう　少々
溶かしバター　適量

下準備
- ○上の「カレー」と同様にする。ただしソーセージは不要。**B**は以下のようにする。
- ○**B**のゴーダは粗く刻み@、粉チーズ、黒こしょうと混ぜる。

作り方

1　上の「カレー」の**1〜6**と同様に作る。ただし**4**ではソーセージは不要。**5**では生地を平らにならしたあとにオレガノと黒こしょうを散らす。

@

> *Note*
> ○粉チーズとゴーダ、2種類のチーズを使って風味豊かに。オレガノの香りがアクセント。

Financiers

フィナンシェ

「financier」は本来、資本家や財界人の意。
だから金の延べ棒を象った、こんな形をしているのです。
証券取引所近くのパティスリーが考案したものだという説も。
卵は卵黄を使わず、卵白のみで作ります。
アーモンドパウダーと焦がしバターの風味が、味の決め手です。

44

基本のフィナンシェ
Financiers traditionnelles

フィナンシェを特徴づけるのは
焦がしバターとアーモンドパウダーの風味です。
食感はふんわりやわらかく仕上げました。

断面はしっとりとして、
縁にしっかり焼き色が
ついている状態。

中央に緩やかなふくらみがある。
上に何かをデコレートする場合は、
生地の量をやや減らして、
もう少し薄くしている。

材料（6個分）
発酵バター（食塩不使用）　45g
グラニュー糖　55g
塩ⓐ　少々
A
　薄力粉　15g
　アーモンドパウダー　30g
卵白　40g（L1個分）
はちみつ　10g
溶かしバター　適量
→材料はかならず計量してから作り始めるⓑ。

塩少々は
マドレーヌよりも
やや多いくらい。

ⓐ

下準備
○卵白とはちみつは室温（約25℃）にもどす。
→混ぜやすくするため。
○大きめのボウルなどに水を入れておく。
→焦がしバターを作る際に、加熱を止めるために鍋の底を当てる水。鍋が入るサイ
　ズのボウルやバットに水を張ること。
○**A**はポリ袋に入れ、よく振り混ぜるⓒ。
→さらにふるうことで生地のきめが細かくなり、空気が入ってなじみやすくなる。
○型に溶かしバターをはけでしっかりと塗るⓓ。
→フィナンシェの生地は完成後すぐに流し入れたいので、溶かしバターはあらかじ
　め塗っておく。食塩不使用のバターを電子レンジで数秒温めて溶かしたもので可。
　マドレーヌよりも生地がべたつきやすいので多めに塗る。
○オーブンは天板を入れたままほどよいタイミングで220℃に予熱する。
→天板は下段にセットする。

ⓒ　　ⓓ

→

作り方

1 焦がしバターを作る。発酵バターは適当な大きさに切って小鍋に入れ、ゴムべらでゆっくりと混ぜながら弱火で熱する@。バターが溶け、泡が小さくなり、沈澱物が茶色になり始めたら火からおろし⒝、鍋底をボウルの水につけて加熱を止める©。茶こしで静かにこして30gほどを量り取り⒟、そのまま置いて70℃ほどに冷ます。
→焦がしバターの香ばしさがフィナンシェのおいしさの決め手。弱火で水分をしっかり飛ばし、パリッと仕上げる。焦がしすぎないように注意。

2 ボウルにグラニュー糖と塩を入れ、**A** をふるいながら加え⒠、泡立て器で混ぜ合わせる⒡。
→グラニュー糖と塩がまんべんなく広がればOK。

3 指で粉の中心に穴をあけ⒢、そこに卵白を静かに流し入れる⒣。泡立て器でボウルの中心から粉を巻き込むようにしてぐるぐると90回ほど、なめらかになるまでしっかりと混ぜる⒤⒥⒦。
→混ぜる回数によって食感が変わる。少なめだと軽く、多めだとねっとりとした食感に仕上がる。

4 はちみつを加え⒧、全体になじむまで混ぜる。
→はちみつが完全になじんで見えなくなればOK。

5 1の焦がしバターを3回に分けて加え⒨、その都度ぐるぐると30〜40回（3回目は60回ほど）、全体になじむまでしっかりと混ぜる⒩。生地を持ち上げると落ちた跡が重なってすぐに消えるくらいになればOK⒪。
→焦がしバターの温度は70℃が理想だが、熱すぎるのは絶対NG。冷めすぎてしまっていたら温め直すこと。

6 ゴムべらで全体をざっと混ぜる⒫。
→固形物が入るレシピの場合はここで加える。ボウルの側面についた生地もきれいに払うこと。

7 ゴムべらで6を型の9分目まで流し入れ⒬、型を軽く打ちつけて平らにならす⒭。
→フィリングが入っている生地や、何かをのせる場合は、生地は型の8分目までに留める。

8 予熱したオーブンの天板に手早く型をのせ、8〜10分焼く。指で押すとほどよい弾力があり、裏面にも焼き色がついていれば焼き上がり⒮。型を軽く打ちつけ、楊枝などで取り出し⒯、網に上げて冷ます⒰。
→オーブンの開閉は手早くすること。時間をかけると庫内の温度が下がってしまう。
→オーブンによっては焼き上がりにむらができるので、加熱し始めて5分ほどたったら、天板の奥と手前を逆にするとベター。手早く作業すること。

46

> *Note*
> ○「基本のフィナンシェ」のみ焼成温度は予熱と同じ220℃だが、以後のアレンジでは220℃に予熱して、焼き始めるときに200℃に下げる。
> ○冷めてから翌日までが食べごろ。保存する場合はジッパー付き保存袋にオーブン用シートを折り入れ、その中にフィナンシェを挟み、空気を抜いて口を綴じ、常温保存する。2日以上保存する場合は、完全に冷めたフィナンシェを1個ずつOPP袋に入れ、口を閉じて、冷凍しておく。食べるときは常温で解凍。オーブントースターで表面を軽く焼いてもおいしい。
> ○卵白は新鮮なものを使うこと。凝固する力が強いので、短時間で焼き上がる。
> ○余った卵黄はマヨネーズにするとよい。卵黄1個分、サラダ油大さじ3、レモン果汁小さじ2、ディジョンマスタード小さじ1、はちみつ小さじ1、にんにくのすりおろし少々、塩小さじ½を耐熱性のボウルに入れ、電子レンジで30秒ほど加熱し、泡立て器でよく混ぜる。サラダなどに活用を。

47

風味を変える

ココアを足したり、
紅茶の茶葉を足したりして、
フィナンシェに
風味をつけます。
ものによっては
焦がしバターではなく、
溶かしたバターを使います。

チョコレート

アッサム

48

チョコレート ∽ *Financiers au chocolat*

材料（6個分）
発酵バター（食塩不使用） 35g
グラニュー糖 45g
塩 少々
A
  薄力粉 12g
  アーモンドパウダー 25g
  ココアパウダー 8g
  ベーキングパウダー 小さじ⅙
卵白 40g（L1個分）
はちみつ 5g
溶かしバター 適量

下準備
○卵白とはちみつは常温（約25℃）にもどす。
○大きめのボウルなどに水を入れておく。
○**A**はポリ袋に入れ、よく振り混ぜる。
○型に溶かしバターをはけでしっかりと塗る。
○オーブンは天板を入れたままほどよいタイミングで220℃に予熱する。

> *Note* ○焦がしバターは高温にせず、50℃ほどにするのがココアの香りを損なわないポイント。
> ○アーモンドパウダーはできれば風味が強い「皮つき」のものが望ましいが、なければ普通のもので構わない。
> ○カカオニブがあれば、生地の表面に散らしてから焼くと、さらにおいしく。

作り方

1 焦がしバターを作る。発酵バターは適当な大きさに切って小鍋に入れ、ゴムべらでゆっくりと混ぜながら弱火で熱する。バターが溶け、泡が小さくなり、沈澱物が茶色になり始めたら火からおろし、鍋底をボウルの水につけて加熱を止める。茶こしで静かにこして25gほどを量り取り、そのまま置いて50℃ほどに冷ます。

2 ボウルにグラニュー糖と塩を入れ、**A**をふるいながら加え、泡立て器で混ぜ合わせる。

3 指で粉の中心に穴をあけ、そこに卵白を静かに流し入れる。泡立て器でボウルの中心から粉を巻き込むようにしてぐるぐると90回ほど、なめらかになるまでしっかりと混ぜる。

4 はちみつを加え、全体になじむまで混ぜる。

5 **1**の焦がしバターを3回に分けて加え、その都度ぐるぐると30〜40回（3回目は60回ほど）、全体になじむまでしっかりと混ぜる。

6 ゴムべらで全体をざっと混ぜる。

7 ゴムべらで**6**を型の9分目まで流し入れ、型を軽く打ちつけて平らにならす。

8 予熱したオーブンの天板に手早く型をのせ、200℃に下げて11分ほど焼く。指で押すとほどよい弾力があれば焼き上がり。型を軽く打ちつけ、楊枝などで取り出し、網に上げて冷ます。

アッサム ∽ *Financiers au thé noir d'Assam*

材料（6個分）
発酵バター（食塩不使用） 30g
A
  薄力粉 15g
  アーモンドパウダー 20g
  粉砂糖 45g
  塩 少々
卵白 40g（L1個分）
はちみつ 10g
紅茶の茶葉（アッサム／ティーバッグ）ⓐ 3g
溶かしバター 適量

ⓐ

> *Note* ○アッサムの香りを生かすため、バターは焦がさず溶かすだけにする。
> ○好みでシナモンパウダー少々を**A**に加えてもOK。アッサムの風味によく合う。

下準備
○卵白とはちみつは常温（約25℃）にもどす。
○発酵バターは適当な大きさに切ってボウルに入れ、湯せんにかけてゴムべらで混ぜながら溶かし、70℃ほどに温める。
○**A**はポリ袋に入れ、よく振り混ぜる。
○型に溶かしバターをはけでしっかりと塗る。
○オーブンは天板を入れたままほどよいタイミングで220℃に予熱する。

作り方

1 ボウルに**A**をふるい入れる。

2 上の「チョコレート」の**3**〜**9**と同様に作る。ただし焦がしバターの代わりに**下準備**で溶かした発酵バターを使う。**6**では紅茶の茶葉を加えてから混ぜる。**8**では焼成時間は12分ほどにする。

くだものを加える

くだものと
生地の風味、食感の
組み合わせを楽しみます。
フィナンシェの形状からは、
くだものの食感をより強く
感じることが
できるでしょう。

いちじく

ベリー

りんご

51

いちじく

Financiers aux figues

材料（6個分）

発酵バター（食塩不使用）　30g
グラニュー糖　50g
塩　少々
A
┃薄力粉　15g
┃アーモンドパウダー　20g
卵白　40g（L1個分）
はちみつ　5g
インスタントコーヒー　小さじ2
セミドライいちじく　1個（20g）
コアントロー　小さじ2
溶かしバター　適量

(a)

下準備

○卵白とはちみつは常温（約25℃）にもどす。
○大きめのボウルなどに水を入れておく。
○**A**はポリ袋に入れ、よく振り混ぜる。
○型に溶かしバターをはけでしっかりと塗る。
○オーブンは天板を入れたままほどよいタイミングで220℃に予熱する。

作り方

1 セミドライいちじくは湯でさっと洗って水けをふき、粗く刻む(b)。コアントローとともに耐熱容器に入れ、ラップをして電子レンジで40秒ほど加熱し、そのまま置いて冷ます(c)。

2 焦がしバターを作る。発酵バターは適当な大きさに切って小鍋に入れ、ゴムべらでゆっくりと混ぜながら弱火で熱する。バターが溶け、泡が小さくなり、沈澱物が茶色になり始めたら火からおろし、鍋底をボウルの水につけて加熱を止める。茶こしで静かにこして20gほどを量り取り、そのまま置いて70℃ほどに冷ます。

3 ボウルにグラニュー糖と塩を入れ、**A**をふるいながら加え、泡立て器で混ぜ合わせる。

4 指で粉の中心に穴をあけ、そこに卵白を静かに流し入れる。泡立て器でボウルの中心から粉を巻き込むようにしてぐるぐると90回ほど、なめらかになるまでしっかりと混ぜる。

5 はちみつを加え、全体になじむまで混ぜる。

6 **2**の焦がしバターを3回に分けて加え、その都度ぐるぐると30〜40回（3回目は60回ほど）、全体になじむまでしっかりと混ぜる。

7 インスタントコーヒーを加え、ゴムべらで全体をざっと混ぜる。

8 ゴムべらで**7**を型の8分目まで流し入れ、型を軽く打ちつけて平らにならし、セミドライいちじくをのせる(d)。

9 予熱したオーブンの天板に手早く型をのせ、200℃に下げて12分焼く。指で押すとほどよい弾力があり、裏面にも焼き色がついていれば焼き上がり。型を軽く打ちつけ、楊枝などで取り出し、網に上げて冷ます。

(b)　(c)　(d)

Note　○風味をぎゅっと凝縮したセミドライいちじくに、こくの深いコーヒーがよく合う。
○コアントローがなければグランマルニエでも可。

ベリー  *Financiers aux fruits rouges*

材料（6個分）
発酵バター（食塩不使用）　30g
グラニュー糖　50g
塩　少々
A
　薄力粉　15g
　アーモンドパウダー　25g
卵白　40g（L1個分）
はちみつ　5g
ミックスベリー（冷凍）ⓐ　40g
溶かしバター　適量
粉砂糖　適量

 ⓐ

下準備
○卵白とはちみつは常温（約25℃）にもどす。
○大きめのボウルなどに水を入れておく。
○ミックスベリーは大きなものは手で小さくほぐし、ペーパータオルを敷いたバットにのせ、冷蔵室に1時間ほど置いて半解凍にする。
○**A**はポリ袋に入れ、よく振り混ぜる。
○型に溶かしバターをはけでしっかりと塗る。
○オーブンは天板を入れたままほどよいタイミングで220℃に予熱する。

> *Note*　○いちごやブルーベリー、ラズベリーなど甘酸っぱいベリー類をちりばめた。
> ○焼き上がりがやわらかいので、取り出すときに気をつけること。

作り方
1　焦がしバターを作る。発酵バターは適当な大きさに切って小鍋に入れ、ゴムべらでゆっくりと混ぜながら弱火で熱する。バターが溶け、泡が小さくなり、沈澱物が茶色になり始めたら火からおろし、鍋底をボウルの水につけて加熱を止める。茶こしで静かにこして20gほどを量り取り、そのまま置いて70℃ほどに冷ます。

2　ボウルにグラニュー糖と塩を入れ、**A**をふるいながら加え、泡立て器で混ぜ合わせる。

3　指で粉の中心に穴をあけ、そこに卵白を静かに流し入れる。泡立て器でボウルの中心から粉を巻き込むようにしてぐるぐると90回ほど、なめらかになるまでしっかりと混ぜる。

4　はちみつを加え、全体になじむまで混ぜる。

5　**1**の焦がしバターを3回に分けて加え、その都度ぐるぐると30〜40回（3回目は60回ほど）、全体になじむまでしっかりと混ぜる。

6　ゴムべらで全体をざっと混ぜる。

7　ゴムべらで**6**を型の8分目まで流し入れ、型を軽く打ちつけて平らにならし、ミックスベリーを散らす。

8　予熱したオーブンの天板に手早く型をのせ、200℃に下げて10〜12分焼く。指で押すとほどよい弾力があり、裏面にも焼き色がついていれば焼き上がり。型を軽く打ちつけ、楊枝などで取り出し、網に上げて冷まして、茶こしで粉砂糖をふる。

りんご  *Financier aux pommes caramélisées*

材料（6個分）
発酵バター（食塩不使用）　30g
グラニュー糖　50g
塩　少々
A
　薄力粉　15g
　アーモンドパウダー　20g
卵白　40g（L1個分）
はちみつ　5g
アーモンドスライス　10g
りんごのキャラメリゼ
　りんご　50g
　バター（食塩不使用）　5g
　グラニュー糖　10g
　レモン果汁　小さじ¼
　シナモンパウダー　少々
溶かしバター　適量

下準備
○P52「いちじく」と同様にする。

作り方
1　りんごのキャラメリゼを作る。りんごは5mm角に切る。フライパンにバターとグラニュー糖を入れて中火で熱し、グラニュー糖が溶けたらりんご、レモン果汁、シナモンパウダーを加えて炒め合わせる。りんごがやわらかくなり、グラニュー糖が濃い茶色になったら火を止めⓐ、そのまま置いて冷ます。

2　P52「いちじく」の**2〜9**と同様に作る。ただし**7**ではインスタントコーヒーは不要。**8**ではセミドライいちじくの代わりに**1**のりんごのキャラメリゼをのせ、アーモンドスライスを散らす。

53

ⓐ

> *Note*
> ○キャラメリゼしたりんごにシナモンが香るフィリングは温かい紅茶にぴったり。秋冬に作りたいレシピ。
> ○りんごは酸味のある紅玉がおすすめ。

ナッツを加える

アーモンドの香りが
特徴的な
フィナンシェですが、
ピスタチオやくるみの風味も
とてもよく合います。

ピスタチオ

54

ナッツとメープル

ピスタチオ *Financiers à la pistache*

材料（6個分）
発酵バター（食塩不使用） 30g
A
　薄力粉　15g
　ピスタチオ　35g
　粉砂糖　40g
　塩　少々
卵白　40g（L1個分）
はちみつ　15g
キルシュ　小さじ$\frac{1}{2}$
ピスタチオのみじん切り ⓐ　2g
溶かしバター　適量

 ⓐ

下準備
○卵白とはちみつは常温（約25℃）にもどす。
○発酵バターは適当な大きさに切ってボウルに入れ、湯せんにかけてゴムべらで混ぜながら溶かし、70℃ほどに温める。
○**A**のピスタチオはフードプロセッサーで攪拌し、粉状にする。**A**の材料すべてをポリ袋に入れ、よく振り混ぜる。
○型に溶かしバターをはけでしっかりと塗る。
○オーブンは天板を入れたままほどよいタイミングで220℃に予熱する。

作り方

1 ボウルに**A**をふるい入れる。

2 指で粉の中心に穴をあけ、そこに卵白を静かに流し入れる。泡立て器でボウルの中心から粉を巻き込むようにしてぐるぐると90回ほど、なめらかになるまでしっかりと混ぜる。

3 はちみつを加え、全体になじむまで混ぜる。

4 溶かしバターを3回に分けて加え、その都度ぐるぐると30〜40回（3回目は60回ほど）、全体になじむまでしっかりと混ぜる。

5 キルシュを加え、ゴムべらで全体をざっと混ぜる。

6 ゴムべらで5を型の9分目まで流し入れ、型を軽く打ちつけて平らにならし、ピスタチオのみじん切りを散らす。

7 予熱したオーブンの天板に手早く型をのせ、200℃に下げて12分ほど焼く。指で押すとほどよい弾力があり、裏面にも焼き色がついていれば焼き上がり。型を軽く打ちつけ、楊枝などで取り出し、網に上げて冷ます。

> *Note*　○ピスタチオをふんだんに使って、その濃厚な風味と香ばしさを引き出したフィナンシェ。焦がしバターではなく、溶かしバターを使う。
> ○焼き上がりがやわらかいので、取り出すときに注意すること。
> ○グラニュー糖ではなく粉砂糖を使う場合は、薄力粉などとともにふると効率がよい。

ナッツとメープル *Financiers aux noix de pécan et sirop d'érable*

材料（6個分）
発酵バター（食塩不使用）　30g
グラニュー糖　30g
塩　少々
A
　薄力粉　18g
　アーモンドパウダー　20g
卵白　40g（L1個分）
メープルシロップ　30g
くるみ（ロースト済み・無塩）　15g
溶かしバター　適量

下準備
○卵白は常温（約25℃）にもどす。
○大きめのボウルなどに水を入れておく。
○くるみは粗く刻む。
○型に溶かしバターをはけでしっかりと塗る。
○オーブンは天板を入れたままほどよいタイミングで220℃に予熱する。

作り方

1 焦がしバターを作る。発酵バターは適当な大きさに切って小鍋に入れ、ゴムべらでゆっくりと混ぜながら弱火で熱する。バターが溶け、泡が小さくなり、沈澱物が茶色になり始めたら火からおろし、鍋底をボウルの水につけて加熱を止める。茶こしで静かにこして20gほどを量り取り、そのまま置いて70℃ほどに冷ます。

2 ボウルにグラニュー糖と塩を入れ、**A**をふるいながら加え、泡立て器で混ぜ合わせる。

3 上の「ピスタチオ」の**2〜7**と同様に作る。ただし**3**ではちみつの代わりにメープルシロップを、**4**では溶かしバターの代わりに**1**の焦がしバターを、**6**ではピスタチオの代わりにくるみを使う。**5**のキルシュは不要。**7**では焼成時間は13分ほどにする。

> *Note*　○はちみつではなくメープルシロップを使うことでくるみの風味が引き立つ。

くだものの フィナンシェ・デセール

フィナンシェ・デセールとは、
ケーキのような
デコレーションが施された、
豪華なフィナンシェのこと。
さまざまな素材と組み合わせて、
味と彩りを楽しみます。

いちごとミックスベリーのマリネ

Financiers aux fruits rouges marinés

材料（6個分）

発酵バター（食塩不使用）　30g
グラニュー糖　50g
塩　少々
A
　薄力粉　15g
　アーモンドパウダー　25g
卵白　40g（L1個分）
はちみつ　5g
ミックスベリー（冷凍）　40g
溶かしバター　適量
クレームシャンティイ
　生クリーム（乳脂肪分47%）　100㎖
　グラニュー糖　5g
　キルシュ　小さじ½
ミックスベリーのマリネ
　ミックスベリー（冷凍）　30g
　グラニュー糖　10g
　レモン果汁　小さじ½
いちご　3個
ミントの葉　適量

下準備

○卵白とはちみつは常温（約25℃）にもどす。
○大きめのボウルなどに水を入れておく。
○ミックスベリーは大きなものは手で小さくほぐし、ペーパータオルを敷いたバットにのせ、冷蔵室に1時間ほど置いて半解凍にする（マリネにするものはそのまま）。
○ミックスベリーのマリネを作る。耐熱容器に材料すべてを入れて軽く混ぜ、ラップをふんわりとかけて電子レンジで1分ほど加熱し、そのまま置いて冷ます@。
○Aはポリ袋に入れ、よく振り混ぜる。
○型に溶かしバターをはけでしっかりと塗る。
○オーブンは天板を入れたままほどよいタイミングで220℃に予熱する。

作り方

1　焦がしバターを作る。発酵バターは適当な大きさに切って小鍋に入れ、ゴムべらでゆっくりと混ぜながら弱火で熱する。バターが溶け、泡が小さくなり、沈澱物が茶色になり始めたら火からおろし、鍋底をボウルの水につけて加熱を止める。茶こしで静かにこして20gほどを量り取り、そのまま置いて70℃ほどに冷ます。

2　ボウルにグラニュー糖と塩を入れ、**A**をふるいながら加え、泡立て器で混ぜ合わせる。

3　指で粉の中心に穴をあけ、そこに卵白を静かに流し入れる。泡立て器でボウルの中心から粉を巻き込むようにしてぐるぐると90回ほど、なめらかになるまでしっかりと混ぜる。

4　はちみつを加え、全体になじむまで混ぜる。

5　**1**の焦がしバターを3回に分けて加え、その都度ぐるぐると30〜40回（3回目は60回ほど）、全体になじむまでしっかりと混ぜる。

6　ゴムべらで全体をざっと混ぜる。

7　ゴムべらで**6**を型の8分目まで流し入れ、型を軽く打ちつけて平らにならし、ミックスベリーを散らす。

8　予熱したオーブンの天板に手早く型をのせ、200℃に下げて10〜12分焼く。指で押すとほどよい弾力があり、裏面にも焼き色がついていれば焼き上がり。型を軽く打ちつけ、楊枝などで取り出し、網に上げて冷ます。

9　クレームシャンティイを作る。ボウルに生クリームとグラニュー糖を入れ、ボウルの底を氷水に当てながらハンドミキサーの高速で泡立てる。とろみがついたら低速にし、もったりするまで泡立てる。キルシュを加え、軽く角が立つまでさらに泡立てる⑥。

10　はけで**8**の表面にミックスベリーのマリネのマリネ液を薄く塗る©。

11　星形口金をつけた絞り袋に**9**のクレームシャンティイを入れ、口金の先を回転させながら一直線に絞る⑥。汁けをきったミックスベリーのマリネと縦に4等分に切ったいちごをのせ⑥⑥、ミントの葉を飾る。

ⓐ　ⓑ　ⓒ　ⓓ　ⓔ　ⓕ

Note　○白いクリームに鮮やかなベリーを散らした、見た目も味わいも華やかな一品。
○クレームシャンティイをスプーンなどでフィナンシェにのせてベリー類を飾ってもOK。デコレーションは好みで。

マンゴーとクリームチーズ

Financiers à la mangue et fromage à la crème

材料（6個分）

発酵バター（食塩不使用）　30g
グラニュー糖　50g
塩　少々
A
│　薄力粉　15g
│　アーモンドパウダー　20g
卵白　40g（L 1個分）
はちみつ　5g
溶かしバター　適量
クリームチーズ（キューブ）　3個（約55g）
マンゴーのマリネ
│　マンゴー（冷凍）　120g
│　ミントの葉　少々
│　レモン果汁　小さじ¼
ミントの葉　適量

下準備

○卵白、はちみつ、クリームチーズは常温（約25℃）にもどす。

○マンゴーのマリネを作る。マンゴーは凍ったまま食べやすい大きさに切り、レモン果汁と粗みじん切りにしたミントと混ぜ合わせ、そのまま置いて半解凍の状態にする。
○大きめのボウルなどに水を入れておく。
○Aはポリ袋に入れ、よく振り混ぜる。
○型に溶かしバターをはけでしっかりと塗る。
○オーブンは天板を入れたままほどよいタイミングで220℃に予熱する。

作り方

1　P46-47「基本のフィナンシェ」の**1**〜**8**と同様に作る。ただし**1**では量り取る焦がしバターは20gほどにする。**7**では生地は型の8分目まで流し入れる。**8**では200℃に下げて9分ほど焼く。

2　焼き上がったフィナンシェの表面にクリームチーズ½個分ずつをスプーンで塗り広げ、はちみつ適量（分量外）を線状にかけ、マンゴーのマリネをのせ、ミントの葉を添える。

Note　○マンゴーが半解凍くらいの状態でいただくと、ひんやりとした味わいのアイスケーキ風に。

いちじくとマロンクリーム

Financiers à la figue et crème de marrons

いちごとピスタチオ

Financiers aux fraises et pistaches

材料（6個分）

発酵バター（食塩不使用）　30g
A
| 薄力粉　15g
| ピスタチオ　35g
| 粉砂糖　40g
| 塩　少々
卵白　40g（L1個分）
はちみつ　15g
キルシュ　適量
溶かしバター　適量
ピスタチオのみじん切り（ロースト済み）　適量
いちご（小）　12個
アプリコットジャム　適量

下準備

○卵白とはちみつは常温（約25℃）にもどす。
○発酵バターは適当な大きさに切ってボウルに入れ、湯せんにかけてゴムべらで混ぜながら溶かし、70℃ほどに温める。
○**A**のピスタチオはフードプロセッサーで撹拌し、粉状にする。**A**はポリ袋に入れ、よく振り混ぜる。
○型に溶かしバターをはけでしっかりと塗る。
○オーブンは天板を入れたままほどよいタイミングで220℃に予熱する。

作り方

1 ボウルに**A**をふるい入れる。

2 指で粉の中心に穴をあけ、そこに卵白を静かに流し入れる。泡立て器でボウルの中心から粉を巻き込むようにしてぐるぐると90回ほど、なめらかになるまでしっかりと混ぜる。

3 はちみつを加え、全体になじむまで混ぜる。

4 溶かしバターを3回に分けて加え、その都度ぐるぐると30〜40回（3回目は60回ほど）、全体になじむまでしっかりと混ぜる。

5 キルシュ小さじ½を加え、ゴムべらで全体をざっと混ぜる。

6 ゴムべらで5を型の8分目まで流し入れ、型を軽く打ちつけて平らにならし、ピスタチオのみじん切りを散らす。

7 予熱したオーブンの天板に手早く型をのせ、200℃に下げて9分ほど焼く。指で押すとほどよい弾力があり、裏面にも焼き色がついていれば焼き上がり。型を軽く打ちつけ、楊枝などで取り出し、網に上げて冷ます。

8 はけで7の表面にキルシュ適量を薄く塗る⒜。

9 耐熱容器にアプリコットジャムを入れてラップをかけ、電子レンジで40秒ほど加熱して軽く温め、はけで8の表面に薄く塗る。

10 縦に半分に切ったいちごをアプリコットジャムにくぐらせ⒝、9にのせる。茶こしで粉砂糖適量（分量外）をふり、ピスタチオ（ロースト済み）適量（分量外）を添える。

⒜　　　⒝

Note　○香ばしく焼き上げたピスタチオ風味の生地にフレッシュないちごがぴったり。

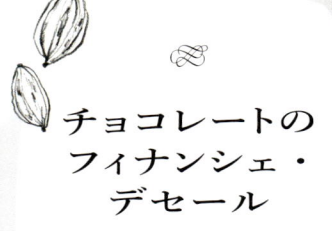

チョコレートの
フィナンシェ・
デセール

濃厚なチョコレートの
クリームと
ナッツやハーブなど、
さまざまな食材との
組み合わせを
楽しんでみてください。

アーモンドとミルクチョコのクリーム

Financiers à l'amande et crème au chocolat au lait

材料（6個分）

発酵バター（食塩不使用）　35g
グラニュー糖　45g
塩　少々
A
　薄力粉　12g
　アーモンドパウダー　25g
　ココアパウダー　8g
　ベーキングパウダー　小さじ⅙
卵白　40g（L1個分）
はちみつ　5g
アーモンドダイス（ロースト済み）　15g
溶かしバター　適量
ミルクチョコクリーム
　生クリーム（乳脂肪分35%）　60mℓ
　クーベルチュールチョコレート（ミルク）　40g
　はちみつ　10g
　レモン果汁　小さじ1
　コアントロー　小さじ½
コアントロー　適量
レモンの皮　適量

下準備

○卵白とはちみつは常温（約25℃）にもどす。
○大きめのボウルなどに水を入れておく。
○**A**はポリ袋に入れ、よく振り混ぜる。
○型に溶かしバターをはけでしっかりと塗る。
○オーブンは天板を入れたままほどよいタイミングで220℃に予熱する。

> *Note*　○アーモンドとミルクチョコレートのどっしりとした味わい。仕上げに散らしたレモンの皮がさわやかなアクセントに。

作り方

1　焦がしバターを作る。発酵バターは適当な大きさに切って小鍋に入れ、ゴムべらでゆっくりと混ぜながら弱火で熱する。バターが溶け、泡が小さくなり、沈澱物が茶色になり始めたら火からおろし、鍋底をボウルの水につけて加熱を止める。茶こしで静かにこして25gほどを量り取り、そのまま置いて50℃ほどに冷ます。

2　ボウルにグラニュー糖と塩を入れ、**A**をふるいながら加え、泡立て器で混ぜ合わせる。

3　指で粉の中心に穴をあけ、そこに卵白を静かに流し入れる。泡立て器でボウルの中心から粉を巻き込むようにしてぐるぐると90回ほど、なめらかになるまでしっかりと混ぜる。

4　はちみつを加え、全体になじむまで混ぜる。

5　焦がしバターを3回に分けて加え、その都度ぐるぐると30〜40回（3回目は60回ほど）、全体になじむまでしっかりと混ぜる。

6　ゴムべらで全体をざっと混ぜる。

7　ゴムべらで**6**を型の8分目まで流し入れ、型を軽く打ちつけて平らにならし、アーモンドダイスを散らす。

8　予熱したオーブンの天板に手早く型をのせ、200℃に下げて11分ほど焼く。指で押すとほどよい弾力があり、裏面にも焼き色がついていれば焼き上がり。型を軽く打ちつけ、楊枝などで取り出し、網に上げて冷ます。

9　ミルクチョコクリームを作る。小鍋に生クリームを入れて弱火で熱し、沸騰直前に火からおろす。

10　ボウルにクーベルチュールチョコレート、はちみつ、**9**を入れ、泡立て器でとろりとするまで混ぜる。さらにレモン果汁とコアントローを加えてざっと混ぜ、そのまま置いて粗熱をとる。

11　ボウルの底を氷水に当てながら、ハンドミキサーの高速で泡立てる。とろみがついたら低速にし、軽く角が立つまで泡立てる。ミルクチョコクリームのできあがり。

12　はけで**8**の表面にコアントローを薄く塗る。

13　サントノーレ用口金をつけた絞り袋に**11**のミルクチョコクリームを入れ、**12**の表面に切り込みを上にして口金の先を波状に動かして絞る。アーモンドダイス（ロースト済み）適量（分量外）をふり、レモンの皮をすりおろして散らす。

ⓐ　　ⓑ　　ⓒ　　ⓓ　　ⓔ　　ⓕ

洋梨とバニラのアイスクリーム

Financiers avec glace vanille et poires

材料（6個分）
発酵バター（食塩不使用）　35g
グラニュー糖　45g
塩　少々
A
　薄力粉　12g
　アーモンドパウダー　25g
　ココアパウダー　8g
　ベーキングパウダー　小さじ⅙
卵白　40g（L1個分）
はちみつ　5g
アーモンドスライス　10g
溶かしバター　適量
洋梨（缶詰）　半割り3個
バニラアイスクリーム　適量
チョコレートソース（市販）　適量
紅茶の茶葉（アールグレイ）　少々

下準備
○卵白とはちみつは室温（約25℃）にもどす。
○大きめのボウルなどに水を入れておく。
○洋梨は4等分のくし形切りにする。
○紅茶の茶葉はラップで包み、めん棒ですりつぶして粉状にする。
○**A**はポリ袋に入れ、よく振り混ぜる。
○型に溶かしバターをはけでしっかりと塗る。
○オーブンは天板を入れたままほどよいタイミングで220℃に予熱する。

作り方

1　P49「チョコレート」の**1**〜**6**と同様に作る。

2　ゴムべらで**1**を型の8分目まで流し入れ、型を軽く打ちつけて平らにならし、アーモンドスライスを散らす**ⓑ**。

3　予熱したオーブンの天板に手早く型をのせ、200℃に下げて11分ほど焼く。指で押すとほどよい弾力があれば焼き上がり。型を軽く打ちつけ、楊枝などで取り出し、網に上げて冷ます。

4　**3**に洋梨2切れずつとバニラアイスクリームをのせ、チョコレートソースをかけ、紅茶の茶葉をふる。

ⓐ　　　　　ⓑ

Note　○フィナンシェ・デセールならではの一品。ほんのりビターなカカオ生地に、甘い洋梨とアイスクリームを盛りつけた。さまざまな味やテクスチャーを楽しめる。
○洋梨の代わりにバナナで作ってもおいしい。

チョコミント

Financiers chocolat à la menthe

材料（6個分）

発酵バター（食塩不使用）　35g
グラニュー糖　45g
塩　少々
A
　薄力粉　12g
　アーモンドパウダー　25g
　ココアパウダー　8g
　ベーキングパウダー　小さじ⅙
卵白　40g（L1個分）
はちみつ　5g
溶かしバター　適量
チョコミントのガナッシュ
　クーベルチュールチョコレート（スイート）　40g
　生クリーム（乳脂肪分35%）　60㎖
　ミントの葉　5g
　バター（食塩不使用）　10g
ミントの葉　適量

下準備

○卵白とはちみつは室温（約25℃）にもどす。
○大きめのボウルなどに水を入れておく。
○**A**はポリ袋に入れ、よく振り混ぜる。
○型に溶かしバターをはけでしっかりと塗る。
○オーブンは天板を入れたままほどよいタイミングで220℃に予熱する。

作り方

1 P49「チョコレート」の**1**〜**6**と同様に作る。

2 ゴムべらで**1**を型の8分目まで流し入れ、型を軽く打ちつけて平らにならす。

3 予熱したオーブンの天板に手早く型をのせ、200℃に下げて11分ほど焼く。指で押すとほどよい弾力があれば焼き上がり。型を軽く打ちつけ、楊枝などで取り出し、網に上げて冷ます。

4 チョコミントのガナッシュを作る。小鍋に生クリームを入れて弱火で熱し、沸騰直前に火からおろし、ミントの葉を加えてひと混ぜし、ラップをかけて20分ほどおく。

5 小鍋を再び弱火で熱し、沸騰直前に火からおろす。

6 ボウルにクーベルチュールチョコレートを入れ、**5**の生クリームをこしながら注ぎ、泡立て器でとろりとするまで混ぜる。さらにバターを加えてよく混ぜ、そのまま置いて粗熱をとる。

7 ボウルの底を冷水に当てて冷ましながら、ゴムべらでなめらかなクリーム状になるまで静かに混ぜる。チョコミントのガナッシュのできあがり。

8 絞り袋に**7**のチョコミントのガナッシュを入れ、絞り袋の先を1㎜ほど切り、**3**の表面に斜めの線状に絞る。絞り袋の先をさらに5㎜ほどに切って、隅のほうに丸く絞り、ミントの葉をのせる。

> *Note* ○熱烈なファンがいるチョコとミントの組み合わせ。ミントが香り、さわやかな後味に。
> ○**6**で生クリームをこす際に、ミントの葉をスプーンで茶こしなどに押しつけ、ミントの風味をしっかりとつける。

オレンジのマリネとホワイトチョコのクリーム

Financiers à l'orange marinés et crème au chocolat blanc

材料（6個分）

発酵バター（食塩不使用）　30g
グラニュー糖　50g
塩　少々
A
　薄力粉　15g
　アーモンドパウダー　20g
卵白　40g（L1個分）
はちみつ ⓐ　5g
溶かしバター　適量
ホワイトチョコクリーム
　生クリーム（乳脂肪分47%）　100mℓ
　クーベルチュールチョコレート（ホワイト）　45g
オレンジマリネ
　オレンジ　1個
　はちみつ　10g
　レモン果汁　小さじ½
　ローズマリー　1〜2枝
ブルーベリー　18粒
粉砂糖　適量

下準備

○卵白とはちみつは常温（約25℃）にもどす。
○オレンジマリネを作る。オレンジは皮をむいて房から切り出し、はちみつ、レモン果汁、ローズマリーとともにボウルに入れて混ぜ合わせ、ラップをして冷蔵室に一晩置く ⓑ。使用前に常温にもどし、汁けをきって、2〜3等分に切る。
○大きめのボウルなどに水を入れておく。
○**A**はポリ袋に入れ、よく振り混ぜる。
○型に溶かしバターをはけでしっかりと塗る。
○オーブンは天板を入れたままほどよいタイミングで220℃に予熱する。

作り方

1　焦がしバターを作る。発酵バターは適当な大きさに切って小鍋に入れ、ゴムべらでゆっくりと混ぜながら弱火で熱する。バターが溶け、泡が小さくなり、沈澱物が茶色になり始めたら火からおろし、鍋底をボウルの水につけて加熱を止める。茶こしで静かにこして20gほどを量り取り、そのまま置いて70℃ほどに冷ます。

2　ボウルにグラニュー糖と塩を入れ、**A**をふるいながら加え、泡立て器で混ぜ合わせる。

3　指で粉の中心に穴をあけ、そこに卵白を静かに流し入れる。泡立て器でボウルの中心から粉を巻き込むようにしてぐるぐると90回ほど、なめらかになるまでしっかりと混ぜる。

4　はちみつを加え、全体になじむまで混ぜる。

5　焦がしバターを3回に分けて加え、その都度ぐるぐると30〜40回（3回目は60回ほど）、全体になじむまでしっかりと混ぜる。生地を持ち上げると落ちた跡が重なってすぐに消えるくらいになればOK。

6　ゴムべらで全体をざっと混ぜる。

7　ゴムべらで**6**を型の8分目まで流し入れ、型を軽く打ちつけて平らにならす。

8　予熱したオーブンの天板に手早く型をのせ、200℃に下げて9分ほど焼く。指で押すとほどよい弾力があり、裏面にも焼き色がついていれば焼き上がり。型を軽く打ちつけ、楊枝などで取り出し、網に上げて冷ます。

9　ホワイトチョコクリームを作る。小鍋に生クリームを入れて弱火で熱し、沸騰直前に火から下ろす。

10　ボウルにクーベルチュールチョコレートを入れ、**9**の生クリームを注ぎ、泡立て器でとろりとするまで混ぜる。そのまま置いて粗熱をとる。

11　ボウルの底を氷水に当てながら、ハンドミキサーの高速で泡立てる。とろみがついたら低速にし、軽く角が立つまで泡立てる。ホワイトチョコクリームのできあがり。

12　星形口金をつけた絞り袋に**11**のホワイトチョコクリームを入れ、**8**の表面に波状に絞る。オレンジのマリネと茶こしで粉砂糖をふったブルーベリーをのせる。

> *Note*　○はちみつはルンドミエルの「オレンジブロッサム」など、オレンジの花からとれたものが相性がよい。
> ○ほのかに香るローズマリーがみずみずしいオレンジマリネの隠し味に。

スパイスと
ハーブの
フィナンシェ・
デセール

スパイスとハーブを
加えることで
味に奥行きが出て、
いよいよ本格的な、
大人のケーキに仕上がります。

キャラメルのジンジャー風味

Financiers à la caramel au gingembre

材料（6個分）

発酵バター（食塩不使用）　30g
グラニュー糖　50g
塩　少々
A
　薄力粉　15g
　アーモンドパウダー　20g
卵白　40g（L1個分）
はちみつ　5g
オレンジピール　4本
アーモンドスライス　10g
溶かしバター　適量
コアントロー　適量
マスカルポーネクリーム
　マスカルポーネ　50g
　生クリーム（乳脂肪分35%）　15mℓ
　グラニュー糖　5g
ジンジャーキャラメル
　グラニュー糖　100g
　生クリーム（乳脂肪分35%）　60mℓ
　しょうが（皮つき）　10g
　バター（食塩不使用）　5g

下準備

○卵白とはちみつは常温（約25℃）にもどす。
○オレンジピールは細かく刻む。
○大きめのボウルなどに水を入れておく。
○Aはポリ袋に入れ、よく振り混ぜる。
○型に溶かしバターをはけでしっかり塗る。
○オーブンは天板を入れたままほどよいタイミングで220℃に予熱する。

作り方

1　P46-47「基本のフィナンシェ」の**1〜8**と同様に作る。ただし**1**では量り取る焦がしバターは20gほどにする。**7**では生地は型の8分目まで流し入れ、オレンジピールとアーモンドスライスを散らす。**8**では200℃に下げて9分ほど焼く。

2　マスカルポーネクリームを作る。ボウルにマスカルポーネを入れて泡立て器でほぐし、生クリームとグラニュー糖を加えてよく混ぜ合わせる。

3　ジンジャーキャラメルを作る。しょうがはめん棒などで軽く叩く。小鍋に生クリームとしょうがを入れて弱火で熱し、沸騰直前に火からおろし、ラップをかけて20分ほどおく。

4　フライパンにグラニュー糖を入れて強火で熱し、ゴムべらで混ぜながら溶かす。濃い茶色になったら火からおろし、フライパンの底をボウルの水につける。

5　**3**を弱火で加熱して人肌程度に温め直し、こしながら**4**のフライパンに3〜4回に分けて加え、その都度泡立て器で混ぜる。

6　バターを加え、全体になじむまで混ぜ、さらにフライパンの底を氷水に当てながら、とろみが出るまでゴムべらで混ぜる。ジンジャーキャラメルのできあがり。

7　はけで**1**の表面にコアントローを薄く塗る。

8　**2**のマスカルポーネクリームをスプーンですくってのせ、**6**のジンジャーキャラメルをスプーンで糸状に回しかけ、小さく切ったオレンジピール適量（分量外）をのせる。

> *Note*　○マスカルポーネクリームは、スプーン2本で交互にすくい取りながら形を整えると、本格的な盛りつけにできる。
> ○ジンジャーキャラメルが余ったら冷蔵保存を。使う前には電子レンジで軽く温め直すとよい。ホットミルクに入れたり、パンケーキにかけてもおいしい。

バナナのソテーと
スパイスのきいたチョコクリーム

Financiers à la crème au chocolat épicée et bananes sautées

材料（6個分）

発酵バター（食塩不使用）　30g
グラニュー糖　50g
塩　少々
A
　薄力粉　15g
　アーモンドパウダー　20g
卵白　40g（L1個分）
はちみつ　5g
溶かしバター　適量
バナナソテー
　バナナ　2と1/2本
　バター（食塩不使用）　小さじ2
　グラニュー糖　少々
　しょうがのすりおろし　少々
スパイシーチョコクリーム
　生クリーム（乳脂肪分35%）　80mℓ
　クーベルチュールチョコレート（ミルク）　40g
　はちみつ　5g
　カルダモンパウダー　2～3ふり
　クローブパウダー　2～3ふり
カラメルビスケット（市販）　適量
粗びき黒こしょう　適量
ミントの葉　適量

下準備

○卵白とはちみつは常温（約25℃）にもどす。
○バナナソテーのバナナは長さを半分に切り（1本のもののみ）、さらに厚さを半分に切る。
○大きめのボウルなどに水を入れておく。
○**A**はポリ袋に入れ、よく振り混ぜる。
○型に溶かしバターをはけでしっかり塗る。
○オーブンは天板を入れたままほどよいタイミングで220℃に予熱する。

作り方

1　P46-47「基本のフィナンシェ」の**1～8**と同様に作る。ただし**1**では量り取る焦がしバターは20gほどにする。**7**では生地は型の8分目まで流し入れる。**8**では200℃に下げて9分ほど焼く。

2　バナナソテーを作る。フライパンにバター、グラニュー糖、しょうがを入れて中火で熱し、バターが溶けたらバナナを加えて両面に焼き色をつけ、火からおろして冷ます。

3　スパイシーチョコクリームを作る。小鍋に生クリームを入れて弱火で熱し、沸騰直前に火からおろす。

4　ボウルにクーベルチュールチョコレート、はちみつ、**3**の生クリームを入れ、泡立て器でとろりとするまで混ぜる。さらにカルダモンパウダーとクローブパウダーを加えてざっと混ぜ、そのまま置いて粗熱をとる。

5　ボウルの底を氷水に当てながら、ハンドミキサーの高速で泡立てる。とろみがついたら低速にし、軽く角が立つまで泡立てる。スパイシーチョコクリームのできあがり。

6　丸形口金をつけた絞り袋に**5**のスパイシーチョコクリームを入れ、**1**の表面に波状に絞る。**2**のバナナソテーをのせ、手で細かく砕いたカラメルビスケットと黒こしょうを散らし、ミントの葉を添える。

69

Note　○定番の組み合わせ、バナナとチョコにスパイスの香りをプラスして味を引き締め、大人向けに仕上げた。

大人の
フィナンシェ・
デセール

お酒を効かせて、
ぜいたくに具材をのせた
フィナンシェです。

ティラミス風

Financiers façon tiramisu

材料（6個分）

発酵バター（食塩不使用） 30g
グラニュー糖 50g
塩 少々
A
　薄力粉 15g
　アーモンドパウダー 20g
卵白 40g（L1個分）
はちみつ 5g
くるみ（ロースト済み・無塩） 20g
溶かしバター 適量
コーヒーシロップ
　インスタントコーヒー 小さじ1
　湯 小さじ1
　グラニュー糖 5g
　ウィスキー 小さじ1
マスカルポーネクリーム
　マスカルポーネ 60g
　グラニュー糖 5g
板チョコレート（ビター） 18片
ココアパウダー 適量

下準備

○卵白とはちみつは常温（約25℃）にもどす。
○くるみは粗く刻む。
○コーヒーシロップの材料は混ぜ合わせる。
○大きめのボウルなどに水を入れておく。
○**A**はポリ袋に入れ、よく振り混ぜる。
○型に溶かしバターをはけでしっかりと塗る。
○オーブンは天板を入れたままほどよいタイミングで220℃に予熱する。

作り方

1 焦がしバターを作る。発酵バターは適当な大きさに切って小鍋に入れ、ゴムべらでゆっくりと混ぜながら弱火で熱する。バターが溶け、泡が小さくなり、沈澱物が茶色になり始めたら火からおろし、鍋底をボウルの水につけて加熱を止める。茶こしで静かにこして20gほどを量り取り、そのまま置いて70℃ほどに冷ます。

2 ボウルにグラニュー糖と塩を入れ、**A**をふるいながら加え、泡立て器で混ぜ合わせる。

3 指で粉の中心に穴をあけ、そこに卵白を静かに流し入れる。泡立て器でボウルの中心から粉を巻き込むようにしてぐるぐると90回ほど、なめらかになるまでしっかりと混ぜる。

4 はちみつを加え、全体になじむまで混ぜる。

5 焦がしバターを3回に分けて加え、その都度ぐるぐると30〜40回（3回目は60回ほど）、全体になじむまでしっかりと混ぜる。生地を持ち上げると落ちた跡が重なってすぐに消えるくらいになればOK。

6 ゴムべらで全体をざっと混ぜる。

7 ゴムべらで**6**を型の8分目まで流し入れ、型を軽く打ちつけて平らにならし、くるみをのせる。

8 予熱したオーブンの天板に手早く型をのせ、200℃に下げて12分ほど焼く。指で押すとほどよい弾力があり、裏面にも焼き色がついていれば焼き上がり。型を軽く打ちつけ、楊枝などで取り出し、網に上げて冷ます。

9 マスカルポーネクリームを作る。ボウルにマスカルポーネを入れて泡立て器でほぐし、グラニュー糖を加えて混ぜる。

10 はけで**8**の表面にコーヒーシロップを塗る⒜。スプーンで**9**のマスカルポーネクリームを塗り広げ⒝、チョコレート3片ずつをのせ⒜、茶こしでココアパウダーをふる⒞。

71

ⓐ　　　　　ⓑ　　　　　ⓒ

Note ○ティラミスがフィンガーフードのように楽しめる新鮮な一品。フィナンシェ、クリーム、チョコレートを一緒に口に入れて味わいたい。
○コーヒーシロップのウィスキーは好みで。入れなくてもOK。

抹茶とグリオットのキルシュ風味

Financiers au thé vert matcha et griottes

材料（6個分）

発酵バター（食塩不使用）　30g
グラニュー糖　50g
塩　少々
A
　薄力粉　15g
　アーモンドパウダー　20g
卵白　40g（L 1個分）
はちみつ　5g
グリオットのマリネ
　グリオット（缶詰）ⓐ　6個
　キルシュ　小さじ1
溶かしバター　適量
抹茶ホワイトチョコクリーム
　抹茶パウダー　2g
　生クリーム（乳脂肪分47%）　100ml
　クーベルチュールチョコレート（ホワイト）　45g
キルシュ　適量
粉砂糖　適量
アーモンドスライス（ロースト済み）　適量

ⓐ

下準備

○グリオットのマリネを作る。グリオットは半分に切り、キルシュとともにボウルに入れて混ぜ合わせⓑ、ラップをして冷蔵室に一晩置く。使う前に常温にもどし、汁けをきる。
○卵白とはちみつは常温（約25℃）にもどす。
○大きめのボウルなどに水を入れておく。
○**A**はポリ袋に入れ、よく振り混ぜる。
○型に溶かしバターをはけでしっかりと塗る。
○オーブンは天板を入れたままほどよいタイミングで220℃に予熱する。

> *Note*　○抹茶の香りにミルキーなホワイトチョコ、甘酸っぱいグリオットがお互いを引き立てる。

作り方

1　焦がしバターを作る。発酵バターは適当な大きさに切って小鍋に入れ、ゴムべらでゆっくりと混ぜながら弱火で熱する。バターが溶け、泡が小さくなり、沈澱物が茶色になり始めたら火からおろし、鍋底をボウルの水につけて加熱を止める。茶こしで静かにこして20gほどを量り取り、そのまま置いて70℃ほどに冷ます。

2　ボウルにグラニュー糖と塩を入れ、**A**をふるいながら加え、泡立て器で混ぜ合わせる。

3　指で粉の中心に穴をあけ、そこに卵白を静かに流し入れる。泡立て器でボウルの中心から粉を巻き込むようにしてぐるぐると90回ほど、なめらかになるまでしっかりと混ぜる。

4　はちみつを加え、全体になじむまで混ぜる。

5　焦がしバターを3回に分けて加え、その都度ぐるぐると30〜40回（3回目は60回ほど）、全体になじむまでしっかりと混ぜる。生地を持ち上げると落ちた跡が重なってすぐに消えるくらいになればOK。

6　ゴムべらで全体をざっと混ぜる。

7　ゴムべらで**6**を型の8分目まで流し入れ、型を軽く打ちつけて平らにならし、グリオットのマリネを2切れずつのせるⓒ。

8　予熱したオーブンの天板に手早く型をのせ、200℃に下げて12分ほど焼く。指で押すとほどよい弾力があり、裏面にも焼き色がついていれば焼き上がり。型を軽く打ちつけ、楊枝などで取り出し、網に上げて冷ます。

9　抹茶ホワイトチョコクリームを作る。ボウルに抹茶を茶こしでふるい入れ、生クリーム少々を加えて泡立て器で全体をむらなく混ぜ、クーベルチュールチョコレートを加える。

10　小鍋に残りの生クリームを入れて弱火で熱し、沸騰直前に**9**のボウルに加え、泡立て器でとろりとするまで混ぜる。そのまま置いて粗熱をとる。

11　ボウルの底を氷水に当てながら、ハンドミキサーの高速で泡立てる。とろみがついたら低速にし、軽く角が立つまで泡立てる。抹茶ホワイトチョコクリームのできあがり。

12　はけで**8**の表面にキルシュを薄く塗る。

13　サントノーレ用口金をつけた絞り袋に**11**の抹茶ホワイトチョコクリームを入れ、切り込みを上にして斜めに4本ずつ絞るⓓ。茶こしで粉砂糖と抹茶パウダー適量（分量外）をふり、アーモンドスライスをのせる。

ⓑ　　　　ⓒ　　　　ⓓ

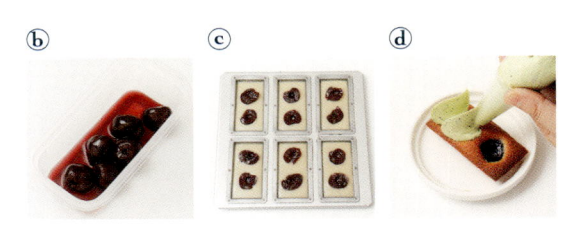

フィナンシェ・サレ

しょっぱい
フィナンシェを片手に、
ワインを飲みながら、
楽しいアペロの一時を。
卵白がやや多めの
配合になります。

ベーコンとグリル野菜

Financiers salés au bacon et aux légumes grillés

サーモン

Financiers salés au saumon fumé

ベーコンとグリル野菜

材料（6個分）
発酵バター（食塩不使用）　35g
グラニュー糖　5g
塩　小さじ1/4
A
　薄力粉　20g
　アーモンドパウダー　30g
　ベーキングパウダー　小さじ1/4
卵白　60g（M2個分）
にんにくのすりおろし　少々
溶かしバター　適量
モッツァレラ　1/2個
ベーコン（厚切り）　1枚
パプリカ（黄）　1/6個
グリーンアスパラガス　2本
ミニトマト　6個
オリーブオイル　少々
粗びきレッドペッパー（または一味唐辛子）　少々

下準備
○卵白は常温（約25℃）にもどす。
○発酵バターは適当な大きさに切ってボウルに入れ、湯せんにかけてゴムべらで混ぜながら溶かし、70℃ほどに温める。
○ベーコンは12等分に切る。パプリカは6等分に切る。グリーンアスパラガスは根元の硬い部分を切り落として長さを3等分にする。モッツァレラは6等分の薄切りにする。
○Aはポリ袋に入れ、よく振り混ぜる。
○型に溶かしバターをはけでしっかり塗る。

○オーブンは天板を入れたままほどよいタイミングで220℃に予熱する。

作り方

1　ボウルにグラニュー糖と塩を入れ、**A**をふるいながら加え、泡立て器で混ぜ合わせる。

2　指で粉の中心に穴をあけ、そこに卵白を静かに流し入れる。泡立て器でボウルの中心から粉を巻き込むようにしてぐるぐると90回ほど、なめらかになるまでしっかりと混ぜる。

3　溶かしバターを3回に分けて加え、その都度ぐるぐると30〜40回（3回目は60回ほど）、全体になじむまでしっかりと混ぜる。

4　にんにくを加え、ゴムべらで全体をざっと混ぜる。

5　ゴムべらで4を型の8分目まで流し入れ、型を軽く打ちつけて平らにならす。

6　予熱したオーブンの天板に手早く型をのせ、200℃に下げて13分ほど焼く。指で押すとほどよい弾力があれば焼き上がり。型を軽く打ちつけ、楊枝などで取り出し、網に上げる。

7　焼成中にその他の具材を焼く。フライパンにオリーブオイルとベーコンを入れて中火で炒め、ベーコンから脂が出てきたらパプリカ、アスパラガス、ミニトマトを加え、こんがりとした焼き色がつくまで焼く。最後にモッツァレラを加え、軽く火を通してやわらかくする。

8　6がまだ温かいうちにモッツァレラをのせて軽くフォークの背で押しつけ、ベーコン、パプリカ、アスパラガス、ミニトマトをのせ、レッドペッパーを散らす。

> *Note*　○とろけたモッツァレラと香ばしい野菜が食欲をそそる。
> ○なすやかぼちゃなどの季節の野菜でも楽しめる。

サーモン

材料（6個分）
発酵バター（食塩不使用）　45g
グラニュー糖　5g
塩　小さじ1/4
A
　薄力粉　20g
　アーモンドパウダー　30g
　ベーキングパウダー　小さじ1/4
卵白　60g（M2個分）
溶かしバター　適量
スモークサーモン　6切れ
クリームチーズ（キューブ）　2個（約35g）
玉ねぎ　1/6個（35g）
B
　塩・こしょう　各少々
　レモン汁　小さじ1/3
　オリーブオイル　小さじ1/2
ケイパーのみじん切り　少々
ディル　適量
（あれば）ピンクペッパー　少々

下準備
○上の「ベーコンとグリル野菜」と同様にする。

ただしクリームチーズも常温にもどす。発酵バターはそのまま。食材の下処理は不要。
○大きめのボウルなどに水を入れておく。

作り方

1　玉ねぎは薄切りにして水にさらし、水けをよくきってから**B**とともにボウルに入れて混ぜ合わせ、よくなじませる。

2　焦がしバターを作る。発酵バターは適当な大きさに切って小鍋に入れ、ゴムべらでゆっくりと混ぜながら弱火で熱する。バターが溶け、泡が小さくなり、沈殿物が茶色になり始めたら火からおろし、鍋底をボウルの水につけて加熱を止める。茶こしで静かにこして35gほどを量り取り、そのまま置いて70℃ほどに冷ます。

3　上の「ベーコンとグリル野菜」の1〜6と同様に作る。ただし3では溶かしバターの代わりに2の焦がしバターを使う。4ではにんにくは不要。

4　スプーンの背で3の表面にクリームチーズを塗り広げ、1、スモークサーモンの順にのせ、ケイパーと適当な大きさに切ったディルを添え、あればピンクペッパーを散らす。

> *Note*　○スモークサーモンとクリームチーズという間違いない組み合わせを指でつまめるサイズで楽しめる。

玉ねぎとクミン
Financiers salés à l'oignon et au cumin

かぼちゃとコーン
Financiers salés au potiron et maïs

6

玉ねぎとクミン

材料（6個分）
発酵バター（食塩不使用）　45g
グラニュー糖　5g
塩　小さじ1/4
A
- 薄力粉　20g
- アーモンドパウダー　30g
- ベーキングパウダー　小さじ1/4

卵白　60g（M2個分）
玉ねぎのソテー
- 玉ねぎの薄切り　70g
- クミン　小さじ1/2
- にんにくのすりおろし　少々
- オリーブオイル　少々
- **B**
  - 塩　少々
  - グラニュー糖　少々
  - 粗びき黒こしょう　少々

粉チーズ・クミン・粗びき黒こしょう　各少々
溶かしバター　適量

下準備
○卵白は常温（約25℃）にもどす。
○大きめのボウルなどに水を入れておく。
○**A**はポリ袋に入れ、よく振り混ぜる。
○型に溶かしバターをはけでしっかりと塗る。
○オーブンは天板を入れたままほどよいタイミングで220℃に予熱する。

> *Note*　○ソテーして甘みを引き出した玉ねぎとクミンの香りを楽しみたい、エスニック風味のフィナンシェ。できたてがおいしい。

作り方

1　玉ねぎのソテーを作る。フライパンにオリーブオイル、クミン、にんにくを入れて中火で熱し、香りが立ったら玉ねぎを加え、しんなりするまで炒める。**B**を加えてざっと炒め合わせ、バットなどに移してそのまま冷ます。

2　焦がしバターを作る。発酵バターは適当な大きさに切って小鍋に入れ、ゴムべらでゆっくりと混ぜながら弱火で熱する。バターが溶け、泡が小さくなり、沈澱物が茶色になり始めたら火からおろし、鍋底をボウルの水につけて加熱を止める。茶こしで静かにこして35gほどを量り取り、そのまま置いて70℃ほどに冷ます。

3　ボウルにグラニュー糖と塩を入れ、**A**をふるいながら加え、泡立て器で混ぜ合わせる。

4　指で粉の中心に穴をあけ、そこに卵白を静かに流し入れる。泡立て器でボウルの中心から粉を巻き込むようにしてぐるぐると90回ほど、なめらかになるまでしっかりと混ぜる。

5　焦がしバターを3回に分けて加え、その都度ぐるぐると30〜40回（3回目は60回ほど）、全体になじむまでしっかりと混ぜる。生地を持ち上げると落ちた跡が重なってすぐに消えるくらいになればOK。

6　ゴムべらで全体をざっと混ぜる。

7　ゴムべらで**6**を型の8分目まで流し入れ、型を軽く打ちつけて平らにならし、玉ねぎのソテーをのせ、粉チーズ、クミン、黒こしょうをふる。

8　予熱したオーブンの天板に手早く型をのせ、200℃に下げて13分ほど焼く。指で押すとほどよい弾力があれば焼き上がり。型を軽く打ちつけ、楊枝などで取り出し、網に上げて冷ます。

かぼちゃとコーン

材料（6個分）
発酵バター（食塩不使用）　45g
グラニュー糖　5g
塩　小さじ1/4
A
- 薄力粉　20g
- アーモンドパウダー　30g
- ベーキングパウダー　小さじ1/4

卵白　60g（M2個分）
かぼちゃのソテー
- かぼちゃ　50g
- ホールコーン（缶詰）　30g
- オリーブオイル　少々
- **B**
  - はちみつ　小さじ1/3
  - 塩　少々
  - 粗びき黒こしょう　少々

粉チーズ　少々
粗びき黒こしょう　少々
溶かしバター　適量

下準備
○上の「玉ねぎとクミン」と同様にする。
○かぼちゃは5mm厚さの細切りにする。

作り方

1　かぼちゃのソテーを作る。フライパンにオリーブオイルを入れて中火で熱し、かぼちゃとコーンを加えて火が通るまで炒める。**B**を加えて炒め合わせ、バットなどに移して冷ます。

2　上の「玉ねぎとクミン」の**2**〜**8**と同様に作る。ただし**7**では玉ねぎのソテーの代わりにかぼちゃのソテーをのせ、粉チーズと黒こしょうをふる（クミンは不要）。

> *Note*　○ほくほくと甘いかぼちゃとコーンの食感が絶妙。
> ○かぼちゃの代わりにじゃがいもでもおいしい。

ジェノベーゼ
Financiers salés au pesto

78

ラタトゥイユ風
Financiers salés aux légumes sans pâte

ジェノベーゼ

材料（6個分）
発酵バター（食塩不使用）　35g
グラニュー糖　5g
塩　小さじ¼
A
| 薄力粉　20g
| アーモンドパウダー　30g
| ベーキングパウダー　小さじ¼
卵白　60g（M2個分）
にんにくのすりおろし　少々
B
| バジルの葉　8枚
| オリーブオイル　大さじ1
溶かしバター　適量
生ハム　3枚
ミニトマト　3個
バジルの葉　適量
粉チーズ　少々
粗びきレッドペッパー（または一味唐辛子）　少々

> *Note*
> ○トマトとバジルに生ハムを添えて、イタリアンな一品に仕上げた。
> ○粉チーズの代わりにすりおろしたパルミジャーノを使うとより一層風味豊かになる。

ラタトゥイユ風

材料（6個分）
発酵バター（食塩不使用）　35g
グラニュー糖　5g
塩　小さじ¼
A
| 薄力粉　20g
| アーモンドパウダー　30g
| ベーキングパウダー　小さじ¼
卵白　60g（M2個分）
ラタトゥイユ
| ズッキーニ　7cm
| なす　7cm
| トマトペースト　大さじ1
| グラニュー糖　小さじ½
| タイム　2枝
| ローズマリー　1枝
| にんにくのすりおろし　少々
| オリーブオイル　大さじ1
| 塩・粗びき黒こしょう　各少々
溶かしバター　適量

下準備
○上の「ジェノベーゼ」と同様にする。ただし発酵バターはそのまま。**B** は不要。
○大きめのボウルなどに水を入れておく。
○ラタトゥイユのズッキーニとなすは5mm角に切る。

下準備
○卵白は常温（約25℃）にもどす。
○発酵バターは適当な大きさに切ってボウルに入れ、湯せんにかけてゴムべらで混ぜながら溶かし、70℃ほどに温める。
○**A** はポリ袋に入れ、よく振り混ぜる。
○**B** はバジルの葉を細かく刻み、オリーブオイルと混ぜ合わせる。
○型に溶かしバターをはけでしっかりと塗る。
○オーブンは天板を入れたままほどよいタイミングで220℃に予熱する。

作り方

1　ボウルにグラニュー糖と塩を入れ、**A** をふるいながら加え、泡立て器で混ぜ合わせる。

2　指で粉の中心に穴をあけ、そこに卵白を静かに流し入れる。泡立て器でボウルの中心から粉を巻き込むようにしてぐるぐると90回ほど、なめらかになるまでしっかりと混ぜる。

3　溶かしバターを3回に分けて加え、その都度ぐるぐると30〜40回（3回目は60回ほど）、全体になじむまでしっかりと混ぜる。

4　にんにくを加え、ゴムべらで全体をざっと混ぜる。

5　ゴムべらで4を型の8分目まで流し入れ、型を軽く打ちつけて平らにならし、表面に **B** をのせる ⓐ。

6　予熱したオーブンの天板に手早く型をのせ、200℃に下げて13分ほど焼く。指で押すとほどよい弾力があれば焼き上がり。型を軽く打ちつけ、楊枝などで取り出し、網に上げて冷ます。

7　6に長さを半分に切った生ハム、縦に半分に切ったミニトマト、バジルの葉をのせ、粉チーズとレッドペッパーをふる。

作り方

1　ラタトゥイユを作る。フライパンにオリーブオイル、タイム、ローズマリー、にんにくを入れて弱火で熱し、香りが立ったら中火にして、ズッキーニとなすを加えて全体に油が回るまで炒める。トマトペーストとグラニュー糖を加えてやわらかくなるまで煮、塩、黒こしょうで味を調え、バットなどに移して冷ます。

2　焦がしバターを作る。発酵バターは適当な大きさに切って小鍋に入れ、ゴムべらでゆっくりと混ぜながら弱火で熱する。バターが溶け、泡が小さくなり、沈澱物が茶色になり始めたら火からおろし、鍋底をボウルの水につけて加熱を止める。茶こしで静かにこして35gほどを量り取り、そのまま置いて70℃ほどに冷ます。

3　ボウルにグラニュー糖と塩を入れ、**A** をふるいながら加え、泡立て器で混ぜ合わせる。

4　上の「ジェノベーゼ」の **2**〜**6** と同様に作る。ただし **3** では溶かしバターの代わりに **2** の焦がしバターを使う。**4** ではにんにくは不要。**5** では **B** の代わりに **1** のラタトゥイユをのせる。

5　4にタイムとローズマリー各適量（分量外）をのせる。

> *Note*　○フランスの伝統的なお惣菜、ラタトゥイユを使ったフィナンシェはホームパーティの前菜にもおすすめ。
> ○ラタトゥイユの具材はセロリやパプリカを使ってもおいしい。

菖本幸子　Sachiko Shomoto

菓子研究家、フードコーディネーター。ル・コルドン・ブルー パリ校にてパティスリーコースを修了ののち、「ル・ブリストル・パリ」にてジル・マルシャル氏、ファブリス・ル・ブルダ氏のもとで研修。その後、パリで最古のパティスリーといわれる「ストーレー」などでの研修を経て帰国。製菓教室の講師などを務めたのち、2005年に独立して現職。著書多数。http://sachi-et-creme.com/

クリーム入りのマドレーヌ、ケーキみたいなフィナンシェ

著　者　菖本幸子
編集人　小田真一
発行人　永田智之
発行所　株式会社主婦と生活社
　　　　〒104-8357 東京都中央区京橋 3-5-7
　　　　［編集部］☎ 03-3563-5321
　　　　［販売部］☎ 03-3563-5121
　　　　［生産部］☎ 03-3563-5125
　　　　http://www.shufu.co.jp/
製版所　東京カラーフォト・プロセス株式会社
印刷所　大日本印刷株式会社
製本所　株式会社若林製本工場

ISBN978-4-391-14969-2

調理アシスタント　木下順子　二見妥子　高石紀子
撮影　　　　　　　三木麻奈
スタイリング　　　曲田有子
イラスト　　　　　佐伯ゆう子
デザイン　　　　　三上祥子(Vaa)
文　　　　　　　　首藤奈穂
校閲　　　　　　　滄流社
編集　　　　　　　小田真一

［食材協力］
クオカ
http://www.cuoca.com/
☎ 0570-00-1417